KB237100

INFORMATION TECHNOLOGY GOVERNANCE

IT 거버넌스의 책임과 성과

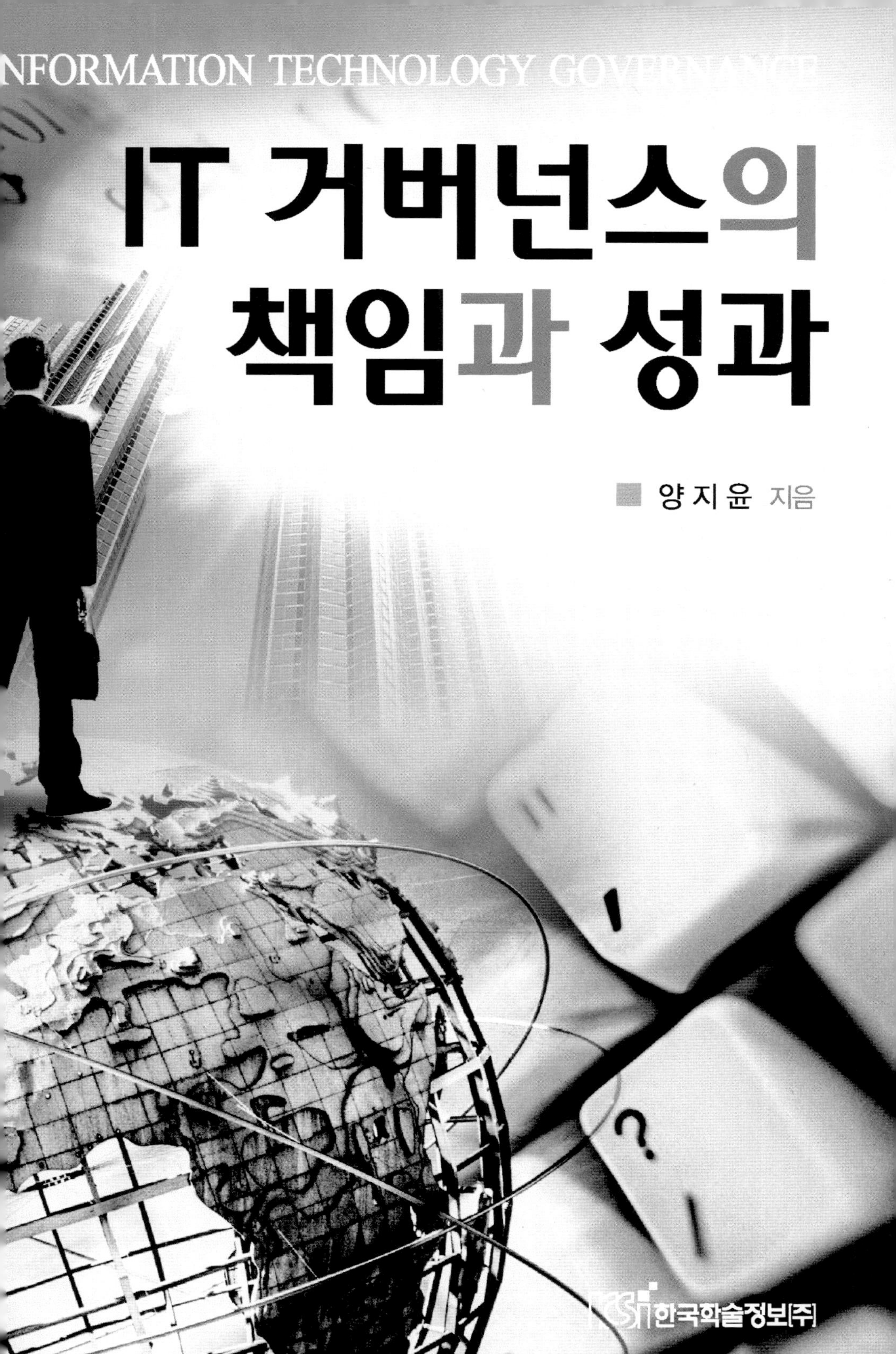

IT 거버넌스의 책임과 성과

■ 양지윤 지음

　최근에 IT 거버넌스에 대한 관심이 고조되고 있다. IT 거버넌스는 IT 사용에 대한 바람직한 행동을 장려하는 의사결정과 책임에 관한 프레임워크를 명확히 하는 것이다. 기업이 IT 거버넌스에 관심을 가지는 이유는 높아진 IT 위상과 관련이 높다. 기업들은 IT의 효율적 활용에 중점을 두고 정보시스템을 활용하여 전략적 우위를 달성하기 위해 다양한 방안을 마련하고 있다. 과거의 IT 부서차원에서는 IT관리의 효율성이 중요한 문제였지만 현재의 높아진 IT 위상을 고려할 때는 IT 거버넌스 측면에서 접근이 필요하다. 이런 차원에서 이 책은 기업에서의 IT 의사결정 권한과 책임에 대한 프레임워크에 대한 내용을 다루고 있다. 즉, 과거에는 기업의 모든 IT의사결정이 CIO의 책임하에 이루어졌다. 그러나 기업들의 모든 핵심 업무가 IT를 기반으로 이루어지고 있고, IT 투자금액이 증가하고 있는 상황에서 잘못된 IT 의사결정으로 인해 피해를 CIO에게만 지울 수 없는 상황이다. 잘못된 IT 의사결정으로 인한 피해는 결국 주주의 가치에 손해를 입히기 때문이다. 이런 차원에서 기업의 IT 의사결정은 CIO가 아니라 기업의 이사회가 적극적인 참여가 필요하다. 저자는 이를 실증하기 위해 매경 매출액 순위 1000대 기업의 CIO와 비즈니스 중역 2명을 대상으로 설문조사를 해서 기업의 이사회가 전략적인 IT의사결정에 참여를 할 때 기업의 성과가 높아진다는 것을 증명했다. 최근의 많은 학자들이 전략적 IT의사결정에 이사회의 참여가 필요하다는 것을 주장하고 있지만 이를 실증한 논문은 없는 상황이다. 이사회의 IT 의사결정 참여의 정당성을 지지해 주는 이론을 대리인 이론과 전략적 선택이론의 관점에서 찾아볼 수 있다. 즉, 대리인 이론은 경영진의 무능력, 태만, 부정행위로 촉발된 잘못된 의사결정으로 인한 주주의 손실을 방지하기 위한 위험관리의 관점에서 찾아볼 수 있고, 전략적 선택이론은 이사회가 전략적인 의사결정에 참여함으로써 주주의 이익을 강화시키려는 비즈니스-IT 연계의 관점에서 살펴볼 수 있다. 이처럼 이사회의 전략적인 IT 의사결정의 참여는 비즈니스-IT 연계와 정보시스템 위험 준비도에 직접적인 영향을 미치고, 이는 결국 정보시스템의 효과성과 경영성과에 영향을 주게 된다.

이 책의 전반부에서는 IT 거버넌스에 대한 개념과 중요성에 대해 살펴보고 후반부에서는 IT 의사결정에서의 이사회 참여의 당위성에 대한 실증이 논의되고 있다.

이 책은 기업의 IT 종사자뿐만 아니라 비즈니스 중역들에게 적극적으로 권장을 하고 싶다. 현재 비즈니스 관리자들은 IT에 대한 무지와 무관심으로 인해 IT에 대한 책임을 CIO에게만 위임하고 있는 상태이기 때문이다. 이 책을 통해 기업의 종사자들이 IT 거버넌스의 중요성을 이해하기를 저자는 간절히 바라는 마음이다.

이 책이 나오기까지 항상 곁에서 불평없이 내조를 해준 아내 선정희와 항상 멀리서 믿음을 가지고 지켜보고만 계시는 부모님에게 감사드린다.

끝으로 이 책을 출간해준 한국학술정보(주)에 감사드린다.

제1장 서 론

제1절　연구의 배경

IT 거버넌스란 용어가 처음 사용된 것은 1990년대 초반으로 소수의 학자들에 의해 필요한 IT 역량들을 획득하기 위한 메커니즘을 설명하기 위해 사용되었다(Henderson 등, 1993; Loh 등, 1992). 그러나 Brown(1997)과 Sambamurthy와 Zmud(1999)가 IS 거버넌스 프레임워크라는 개념과 뒤이어 IT 거버넌스 프레임워크라는 개념을 그들의 논문에 언급하기 전까지는 1990년대 후반까지는 학문적인 문헌에서는 두드러지게 중요한 역할을 하지는 못했다(Brown 등, 2005). 초기의 IT 거버넌스는 컴퓨터 정책과 절차 등과 관련이 있었지만, 오늘날에는 정보기술이 더욱 복잡해지고, IT 투자 규모도 증가하며, 핵심 업무가 IT 기반으로 운영되는 것을 감안하면 전체 비즈니스와 매우 밀접한 관련이 있다.

IT 거버넌스에 대한 관심은 크게 기업의 투명성 개선을 위한 기업 거버넌스에 대한 관심과 IT 위험에 대한 기업의 위기대처 능력의 부족에서 비롯되었다고 볼 수 있다.

2002년의 Enron의 도산과 WorldCom, Typo, Qwest, Arthur Anderson[1]) 등의 미국 대기업이 잇따라 회계부정사건에 연루되자 주주의 이익을 보호하기 위해 기업 거버넌스에 대한 관심이 증가했다. 많은 기업들이 중요 핵심 업무에 대해 전적으로 IT에 의존하고 있지만 조직이 IT의 잠재적인 역량을 완전히 실현하는 데는 실패하고 있다(Sohal 등, 2002). IT는 현대 비즈니스 시스템에서 중요한 역할을 할 뿐만 아니라 부정, 손실, 남용으로부터 기업 자산을 보호하고 보존하는 데 중요한 역할을 한다(Trites, 2004).

Amazon.com은 해커의 공격으로 한 시간에 60만 달러를 손해를 입었고, Cisco는 하루 동안의 시스템 다운으로 인해 7천만 달러의 수익을 잃었다(Nolan 등, 2005). 이처럼 IT 위험은 기술의 발전과 더불어 피해 규모도 커지고 있는 것이 현실이다. 그렇기 때문에 이런 문제는 회사의 존립 자체에도 영향을 주기 때문에 IT 부서만의 책임으로 끝나지 않고 전사적인 차원에서 다루어지는 것이 마땅하다. 이는 IT 거버넌스가 주주 가치와 밀접한 관련이 있다는 것을 의미한다(Read, 2004). 이런 측면에서 기업의 실질적인 주인인 주주의 가치 보호를 위해서 대리인인 이사회의 역할이 매우 중요해지고 있다. 즉 바람직한 IT 거버넌스의 확립은 결국 주주의 가치의 보호라는 점에서 매우 중요한 의미를 갖는다. IT 거버넌스에서 이사회의 역할은 과거와는 다른 측면에서 접근해야 한다. 즉 과거에는 IT 의사결정에 대한 이사회의 태도는 방임에 가까웠으나 현재는 적극적인 참여가 필요한 상황이다.

---

1) Enron의 분식회계를 도왔던 회계 법인.

제2절 연구의 목적 및 중요성

　IT 거버넌스는 신뢰를 만들고 보다 나은 사업가치를 전달하며, IT 전략과 사업 전략을 일치시키며, 바람직한 IT 이용을 장려한다 (Broadbent 등, 2004). 비즈니스와 IT의 상호 의존성이 더욱 커지는 것을 감안할 때 IT 거버넌스는 그 어느 때보다 학계와 업계 모두의 관심을 받고 있다. IT 거버넌스는 주주의 이익과 밀접한 관계가 있기 때문에 이사회가 IT 거버넌스에 참여를 해야 하는 것은 당연하다. 그렇지만 기존의 대부분의 연구는 IT 거버넌스를 IT 부서나 경영진(CIO, CEO)의 관점에서 다루고 있다. 이런 상황에서 이사회가 IT 의사결정에 참여할 때 조직의 성과에 어떤 영향을 미치는 지에 대한 관계를 규명하는 것이 매우 중요하다. 그러나 이사회의 IT 거버넌스 참여에 대한 실증연구는 없는 상황이다. 그렇기 때문에 본 연구에서는 이사회가 IT 거버넌스에 참여할 때 조직의 성과에 미치는 영향을 밝히는 연구는 탐구할 만한 가치가 있다.

　몇몇의 연구자와 기관이 IT 거버넌스는 이사회와 경영진의 책임이라고 밝히고는 있지만 실제로 이사회의 IT 거버넌스의 참여가 조직의 성과를 높이는 데 관한 실증 연구는 부족한 상태이다(ITGI, 2001; Weill 등, 2004). 사실, 기존의 연구들도 모두 CEO, CIO, 비즈니스 관리자 등의 관계에만 초점을 두고 있는 실정이다(Adams, 1972; Bloem 등, 2006; Broadbent 등, 2004; Brown 등, 2005; Brown, 1997; Brown 등, 1994; Brown 등, 1998; Jarvenpaa 등, 1991; Ross 등, 2002b; Sohal 등, 2002; Weill, 2004; Weill 등, 1998; Weill 등, 2005; Weill 등, 2004).

　　이런 측면에서 본 연구에서의 이사회의 IT 의사결정에 참여가 조직의 성과에 어떤 영향을 미치는지 살펴보고자 한다.

제3절　연구문제

　　과거의 IT 관리에 대한 연구에서 성공적인 IT 관리를 위해서는 경영진의 참여가 매우 중요하다고 밝히고 있다(Nath, 1989; Remenyi, 2000; Rockart 등, 1996). Jarvenpaa와 Ives(1991)는 55명의 CEO를 대상으로 설문조사를 한 결과, IT 관리에 CEO가 참여하는 회사는 IT 사용과 효과에 있어 더욱 진보되고 향상된다는 것을 발견했다. 많은 경우 시니어 IT 중역들은 회사전략과 IT와의 사이에 연결고리 역할을 한다(Applegate 등, 1992). 조직의 IT 투자 증가로 인해 시니어 IT 중역과 CEO 사이의 관계가 IT의 성공적인 전략적 사용에 핵심이 되었다(Watson, 1990). 하지만 현재의 IT의 위상을 고려할 때 경영진의 참여만으로 성공적인 IT 가치 창출을 이룰 수는 없다. 그렇기 때문에 이사회가 IT 거버넌스에 참여를 해야 한다고 주장한다(Alter, 2004; Davenport, 1998; Exler, 2003; Girard, 2002; Grembergen, 2005; ITGI, 2002; Nolan 등, 2005; Posthumusa 등, 2005; Weill, 2004). 즉 Enron 사태로 불거진 기업 지배구조의 투명성 개선에서 비롯된 IT 거버넌스에 대한 관심으로 결국 Sabanes－Oxley 법(2002) Clinger－Cohen Act, GAAP, International Accounting Standards 등의 제정과 개정을 통해 이사회의 책임을 강조하고 있는 게 현실이다. 한편으로 이사회의 IT 의사결정의 참여는 전략적 선택 이론(Andrews, 1986)의 관점에서 재량을 지닌 이사회의 전략적 의사결정 선택에 의해 조직의 성과가 결정(Judge Jr 등, 1992; Pearce II 등, 1991)되므로 비즈니스와 IT 연계가 중요해지며, 대리인 이론(Jensen 등, 1976)의 관점에서는 주주의 대리인 이사회가 경영진의 태만과 부정행위를 감시(Fama 등, 1983; Karake, 1995; Monks 등, 2001)하기 위해 위험관리의 필요성이 대두되고 있는 상황이다. 그러나 실제로 이사회가 IT 의사결정에 참여할 때 IT 거버넌스 주요 영역과 조직의 성과에 어떤 영향을 미치는지에 대한 실증한 연구는 없는 상황이다.

이에 본 연구에서는 기업의 CIO를 대상으로 설문조사를 통해 이사회의 IT 의사결정에의 참여가 조직의 성과에 어떤 영향을 주는지를 파악하고자 한다.

이상과 같은 이사회의 IT 의사결정의 참여가 조직의 성과에 어떤 영향을 미치는지 파악함으로써 기업의 경쟁력 강화에 이사회의 역할과 책임에 대해 주요한 시사점을 제공해 줄 것이다.

제2장 IT 거버넌스에 대한 이해

제1절 기업 거버넌스에 대한 연구

1. 기업 거버넌스에 대한 개념

기업 거버넌스, 재무 거버넌스, IT 거버넌스이든 간에 각 거버넌스 형태는 비즈니스 경제 성과와 직접적인 관련이 있다. IT의 비즈니스 가치, 기술의 높은 비용, e비즈니스 실험 국면에서 부각된 문제들 때문에, IT는 거버넌스가 필요한 도메인의 가장 현격한 예이다.

Monks와 Minow(2001)에 따르면 기업 거버넌스는 크게 주주, 이사회, 경영층이 주요 참가자가 되면 이들은 각각 소유권, 감독, 성과와 관련이 있다고 했다. 소유권은 특정 자산에 관한 권한과 책임의 조합이다.

기업 거버넌스는 조직 내의 재무나 IT 거버넌스와는 다르기는 하지만, 일반인들은 사용하는 거버넌스 용어는 기업 거버넌스 용어를 의미한다고 볼 수 있다(Bloem 등, 2006). 기업 거버넌스는 거버넌스의 본질적인 형태라고 할 수 있다. 조직 내에서 부서들의 거버넌스는 더욱 경쟁적이며 더 좋은 비즈니스 성과에 기여를 하는 것이다. 궁극적으로 기업 거버넌스는 기업에 투자하고 소유하는 사람에게 부를 반환하는 것과 관련이 있다. 그래서 거버넌스는 실제의 이익과 관련이 있고 투자 자본의 반환과 주주 부의 극대화와 관련이 있다.

기업 거버넌스는 조직의 관리하고 통제하는 시스템이다. 기업 거버넌스는 관리, 책임, 통제의 3가지 요소로 구성이 된다(Bloem 등, 2006).

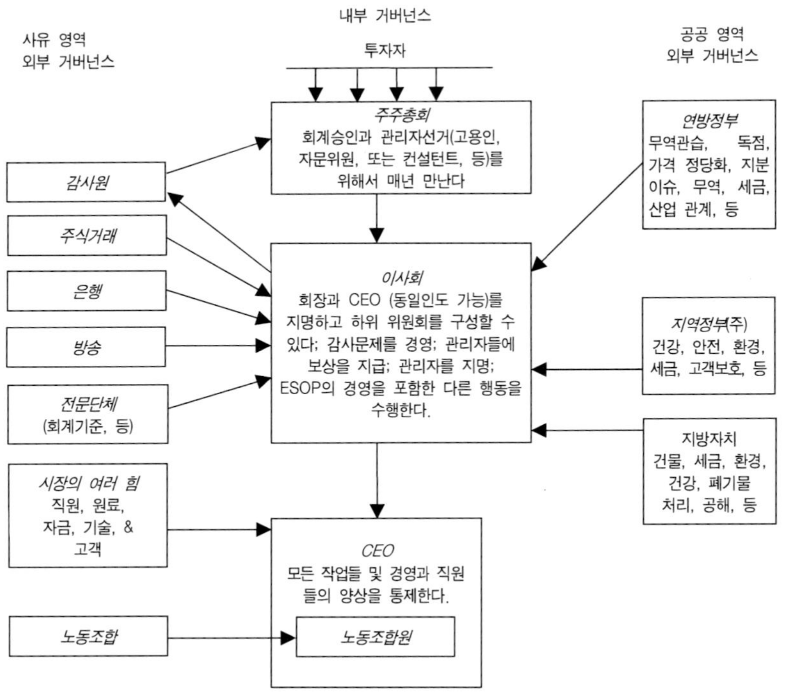

[그림 2-1] Anglo-Saxon 기업 지배구조

- 기업 거버넌스는 특별히 주주의 책임, 기업 소유자, 관리에 의한 이기적인 활동의 회피와 관련이 있다.
- 관리: 계획, 의사결정, 최우선 과제가 형성되고 결과가 측정되는 방식임
- 책임: 재무적 측정 방식으로 표현된 비즈니스 가치에 기반을 둔 계획의 정당화
- 감독: 계획이 실행되는지에 대한 어떻게 확신하고 결과가 계획에 부응하지 않을 때 어떻게 개입해야 하는지에 대한 것

기업 거버넌스는 기업의 방향과 성과를 결정하기 위한 다양한 참여자들 사이의 관계이다(Monks 등, 2001). 기업 거버넌스의 주요 참여자는 주주, 경영층, 이사회이다.

기업 거버넌스에 대한 정의는 다음과 같이 다양하나 주주와 경영자, 주주와 채권자 등에서 나타날 수 있는 대리인 문제와 밀접한 관련이 가지며, 기업 거버넌스의 효율성은 기업 거버넌스가 이러한 대리인 문제를 얼마나 잘 통제할 수 있느냐에 달려 있다는 점에 공통점이 있다.

[표 2-1] 기업 거버넌스의 개념

기업 거버넌스에 대한 정의	연구자
기업을 지배하는 권력의 배분과 기업을 둘러싼 이해관계 당사자들 간의 관계를 규정하는 방식으로 정의할 수 있다	이경묵(2002)
기업의 방향과 성과를 결정하는 데 다양한 참여자들 사이의 관계로 보고 있다. 여기서의 참여자는 주주, 경영진, 이사회를 말한다.	Monks 등(2001)
자기 이익을 추구하는 경영자, 즉 기업 통제자가 기업의 소유주인 주주를 대신하여 기업가치를 극대화하도록 하는 일련의 제도적 혹은 시장 메커니즘을 의미한다.	Denis(2001)

기업지배구조의 핵심은 이사회의 CEO에 대한 감시기능(monitoring function)과 활성화이다. Monks와 Minow(2001)연구에 의하면 이사회의 감시활동이 CEO의 의사결정 질을 향상시킨다는 전제를 제시한다. 선행 연구자들이 주장한 바와 같이, 이사회 역할은 이사 규모와 질, 다수의 사외이사 구성, 자사주식 보유의무화, CEO의 이사회 부의 안건 및 신임이사 임명 제한, CEO의 정기적 업적평가 등을 들고 있다.

1) 이사회

이사회(board of directors)는 이사에 의하여 구성되어 회사의 업무집행에 관한 상항을 결정하는 기관이다. 일반적으로 계속 열리는 것이 아니고 소집에 의하여 열리게 되는 법률상의 회의체이다. 법령 및 정관으로써 주주총회의 권한으로 되어 있는 것을 제외한 업무집행에 관한 사항은 모두 이사회의 결의에 의하여 행하여진다(상법 393조). 다만 그것은 회사의 내부적 의사결정에 한하며, 이에 의거하는 집행행위 자체는 해당되지 아니한다. 상법상 이사회의 결의사항으로서 주주총회의 소집(362조), 지배인의 선임·해임, 지점의 설치·이전 또는 폐지, 이사의 직무집행의 감독(393조), 대표이사의 선임과 공동대표의 결정(389조), 이사의 자기거래의 승인(398조), 신주발행사항의 결정(416조), 사채의 모집(469조) 등이며, 이 외에도 상법상 회사가 결정하여야 할 것으로 된 사항은 성질상 이사회의 결의사항으로 보아야 할 것이다. 이사회의 소집은 회일을 정하고 1주일 전에 각 이사 및 감사에 대하여 통지를 발송하여야 하나, 그 기간은 정관으로 단축할 수 있다. 또 이사 및 감사 전원의 동의가 있을 때에는 소집절차를 생략할 수도 있다(390조). 이사회의 결의는 이사 과반수의 출석과 출석이사의 과반수로써 결정하되 정관으로 그 비율을 높게 정할 수 있다(391조 1항). 결의에 특별한 이해관계가 있는 이사는 의결권을 행사하지 못하며(391조 2항), 서면결의도 불가하다. 이사회의 의사에 관하여는 의사록을 작성하여야 하며, 이 의사록에는 의사의 경과요령과 그 결과를 기재하고 의장과 출석이사 및 감사가 기명날인하여야 한다(391조의 3). 이사회의 결의는 대표이사를 구속하지만, 그 내용·소집절차·결의방법이 법령이나 정관에 위반하면 무효이다. 다만 그것은 내부적 의사결정에 지나지 않으므로, 그것에 의거하는 대표이사의 대표행위는 원칙적으로 유효하다.

이사는 충실의무를 가지고 있다. 즉 "이사는 법령과 정관의 규정에 따라 회사를 위하여 그 직무를 충실하게 수행하여야 한다."고 규정하고 있다(상법 제382조 3항). 이사의 충실의무란 이사가 회사의 업무를 수행함에 있어서 그에게 부여된 권한을 회사에 가장 유리하다고 믿는 바에 따라 성시하고 정당한 목적을 위하여 행사하여야 하고, 회사의 이익과 이사 개인의 이익이 충돌하는 경우에 자기의 개인적 이익을 희생하면서 의사결정을 하여야 하며, 회사의 이익과 이사의 개인적 이익이 충돌하는 계약을 체결해서는 안 되는 의무라고 보는 것이 일반적인 견해로서 이사가 충실의무를 부담하는 근거는 회사의 이사 간에 영미법상 신인관계(fiduciary relation)라 말하는 고도의 신뢰관계를 기초로 하는 특수한 법률관계가 있기 때문이다(전삼현, 1998; 채동헌, 2004). 상법은 이사가 법령 또는 정관에 위반한 행위를 하거나 그 임무를 해태한 때에는 그 이사는 회사에 대하여 연대하여 손해를 배상할 책임이 있다고 규정하고 있으므로(상법 제

399조 제1항) 이사가 충실의무를 위반한 경우는 법령에 위반한 경우에 해당하므로 해당 이사는 회사에 대하여 연대하여 손해배상책임을 지게 되고, 이사가 충실의무를 위반하였다고 판단도리 경우 주주들은 주주대표소송의 절차를 통하여 그 책임을 물을 수 있다. 이사는 언제든지 주주총회의 특별결의에 의하여 해임될 수 있고(상법 제385조 제1항), 또한 이사가 그 직무에 관하여 부정행위 또는 법령이나 정관에 위반한 중대한 사실이 있음에도 불구하고 주주총회에서 그 해임을 부결한 경우에는 발행주식총수의 100분의 3에 해당하는 주식을 가진 주주는 총회결의가 있는 날로부터 1월 이내에 그 이사의 해임을 법원에 청구할 수 있다(상법 제385조 제2항). 따라서 이사가 충실의무를 위반한 행위가 법령에 위반한 중대한 사실에 해당되는 경우에는 그 이사의 해임을 청구할 수 있다(채동헌, 2004).

Lipton과 Lorsch(1992)는 미국의 대부분 이사들이 그들의 행동규범에서 역작용을 보여준다고 한다. 이사들이 기업의 의사결정과정에서 CEO의 정책이나 솔직한 토론을 표출하지 못하므로 말미암아 이사회의 효율성에 대한 강한 의문을 제기한다. 문제의 핵심은 무분별한 이사 수의 증가가 효율성을 저하시킨다는 것이다. 그들은 이사규모가 8-9명이 적합한 규모이고 최대한 10명을 초과해서는 안 된다고 주장한다. 이사규모의 증가는 오히려 이사들의 CEO의 감시활동의 약화, 의사결정의 지연, 영업성과에 대한 솔직하지 못한 토론 개진, 그리고 위험부담의 편이현상에 따른 대리비용을 증가시키는 폐해가 있음을 지적하고 있다.

Lipton과 Lorsch(1992)는 이사회 역할에 관한 이론적 연구를 통해 이사회의 중요성과 효과적인 기업지배구조를 대안으로 제시하고 있다. 과거 대기업은 소유와 경영의 분리가 주로 개인투자자에 의존했으나, 현재는 기관투자자들이 대부분을 차지해 기관투자자들의 기능이 강화되어 보다 효율적인 경영을 위해서는 이사회 역할을 강화하는 것이 우선이라고 주장한다. 실제로 이사회의 효율성이 제한되는 이유를 다음과 같이 들고 있다. 첫째, 이사회가 실제로 열리는 시간이 부족하고, 만나서 의미 있는 의견교환을 하지 못한다. 둘째, 이사규모가 대부분 10명 이상을 초과하고 있어 자기 주장을 펴지 못하고, 이사회 규모가 크면 제한된 시간으로 인해 이사회의 결속력이 떨어진다. 보통 한 사람의 이사가 두 개 기업 이상의 이사회에 속해 있는 것도 결속력을 떨어뜨리는 이유이다. 셋째, 기업을 둘러싼 기업환경이 복잡해짐에 따라 관련된 정보가 복잡해지는 것도 한 원인이다. 넷째, 갈수록 CEO의 권한이 강화되는 것도 한 원인이다. 이사회는 CEO를 견제해 균형을 이루어야 한다.

Jensen(1993)은 기업가치와 이사규모 간의 관계에 대해 이사들의 책임성을 비판하고 이사규모가 7-8명이 넘어서면 이사회의 효율성이 급격히 떨어질 뿐 아니라 CEO가 이사회를 한층 통제하기가 쉬어진다고 주장한다. 그는 미국 기업에 있어서 이사회에 의한 경영자 감독, 감시, 견제기능이 제대로 수행되지 못한 것을 지적하고, 이사회를 근간으로 하는 기업 내부 통제제도가 제 기능을 발휘하지 못하는 이유를 미국의 기업지배구조를 형성하는 법적, 제도적 장치들의 문제점에서 찾고 있다. Jensen(1993)에 의하면 미국 기업의 이사회는 이사회 자체의 문화적 갈등구조를 갖고 있기 때문에 비효율적이라고 지적한다.

또한 Jensen(1993)은 이사회의 표면상 활동이란 경영 및 기업내부 통제문제에 대해 높은 수준의 상담 및 감시를 하는 것이라고 한다. 그는 이사회 역할에 대한 통제 실패는 다음과 같은 요인들 탓으로

돌리고 있다. 예를 들면 CEO의 이사회 회의 안건 결정권한, 이사진의 낮은 지분율, 많은 이사 수, 반대자보다는 찬성자를 격려하는 이사회 문화를 들고 있다. 자주 논의되는 이사회 독립성과 책임성은 이사회 특징으로 향후 실증분석의 중요한 과제라는 것이다.

Yermack(1996)은 1984－1991년의 8년간에 걸쳐 총 792개 표본기업을 선정해 이사규모에 대한 기업가치의 효과를 분석하고 있다. 그는 Forbes지가 선정한 미국의 대기업 500대 기업 중에서 매출액, 자산규모, 주식가치, 시장점유율, 순이익 등의 data를 이용한다. 종속변수는 Tobin's Q비율이고, 각 기업의 이사규모를 독립변수로 사용하며, 기업규모, 산업군, 이사 구성원의 소유지분율 등을 통제변수로 사용한다. 분석모형은 기업규모가 다른 집단을 이용해 회귀모형으로 추정한 결과 log이사규모와 기업가치의 대용변수로 사용한 Tobin's Q 간에는 음의 관계가 있다고 주장한다. 또한 수익성, 자산효율성을 측정하는 재무비율을 종속변수로 놓고 회귀분석을 실시해도 이사규모와 기업가치 간에는 음의 관계가 있다는 부가적 증거를 제시하고 있다.

Yermack(1996)연구에서 이사회 규모가 6명에서 12명으로 증가할 때와 이사회 규모가 12명에서 24명으로 증가할 때의 기업가치 손실과 일치하는 것으로 나타난다. 또 이사규모가 감소할 때 기업이 높은 시장가치를 실현한다는 점과 일치하는 부가적 증거들을 제시한다. 총자본이익률(ROA)과 매출액이익률 등의 수익성 측정에서도 역시 이사규모와 음의 유의한 관계가 성립함을 보인다. 미국에서는 소규모 이사회가 CEO의 감시기능이 더욱 적절하고, 기업가치가 나쁠 경우 CEO 해고가 더 유리하다고 보고하고 있다. CEO의 보상은 이사규모가 작은 회사에서 기업가치에 대한 보다 큰 민감도를 보여주고 있다고 한다.

Yermack(1996)연구의 주요내용을 다음과 같이 정리해 볼 수 있다. 첫째, 투자자들의 기업 평가는 이사규모의 범위가 4-10명이며, 이사수가 10명이 넘어서면 이사회 규모와 시장평가 간에는 기본적으로 아무런 관련이 없다. 둘째, 수익성 및 자산효율성은 오히려 이사규모의 범위가 4-10명에서 급격히 악화되고, 이사 수가 11명 혹은 그 이상이 되면 덜 악화되는 경향을 보인다. 셋째, CEO 보상 및 해고 위협에 대한 CEO의 인센티브는 기업이 이사규모가 적을 때 보다 강력하게 작용한다. CEO와 이사회 의장이 겸하지 않는 기업에서의 기업 평가가 증대된다. 따라서 CEO와 이사회 의장을 겸직하는 것을 금해야 한다. 넷째, 사외이사제의 역할에 관해서 총 이사규모에서 사외이사 비중을 점차 늘린다 하더라도 음의 결과를 보인다. 실제로 기업의 시장평가는 이사회의 내부이사 수와 크게 영향이 없다. 사외이사의 수가 4-9명에서 음의 효과를 나타내고, 10명 또는 그 이상일 경우에는 미약한 정의 유의성을 나타낸다.

한편 Eisenberg 등(1998)은 소규모기업에서 많은 수의 이사를 선임한 기업은 기업가치가 감소한다는 주장을 한다. Yermack(1996)연구가 대기업을 중심으로 한 이사규모 효과에 대한 것이며, Eisenberg 등(1998) 연구는 소규모 기업을 중심으로 하는 이사규모 축소효과를 증명하고 있다. 그들이 사용한 종속변수는 각 개별기업의 ROA와 산업의 ROA평균을 빼서 log함수를 취한 값이며, 설명변수로는 이사규모, 자산규모, 기업연령, 재무곤경에 처한 이사 수, 그룹더미변수 등을 취해 회귀분석을 실시한다.

이들의 연구는 과거 기업가치와 현재 이사회 규모를 분석한 결과에 대해서 이사규모와 기업가치와는 음의 관계가 성립한다고 주장한다. 그들은 조정된 산업 ROAajt와 log이사규모를 각각 외생변수로 이용해 2SLS방식을 분석한 검증결과에서도 이사규모의 설명변수는 symmetric하다고 진단한다. 또 회사의 연령과 기업집단은 주로 이사회 규모에 영향을 미치고 있다고 주장한다. 결국 기업의 수익성이 변화함에 따라 이사회 규모변수에 영향을 미치고 있다는 사실을 증명하고 있다.

Eisenberg 등(1998)은 이사회의 문제점을 해소하기 위한 몇 가지 대안을 제시하고 있다. 첫째, 먼저 이사회 규모를 10명 이하로 줄여야 한다. 이사규모가 8－9명이 적절한 규모이며 이사규모 감소로 인한 효율성을 증가시켜야 한다. 둘째, 이사회의 지속적이고 빈번한 개최를 통해 의사결정의 질을 높여야 한다. 이사들에게 stock option제도의 확대를 통해 시간에 비례한 보상을 한다. 셋째, 선임이사(lead director)제도를 도입한다. 내부이사 중 한 사람을 지명해 여러 가지 일상적 업무들을 CEO와 Lead director 간에 상의하도록 한다. 유사시에는 Lead director가 CEO를 대신하도록 할 수도 있다. 넷째, 기존의 재무제표는 정보가 불충분하기 때문에 수익성 정보, 시장에서의 위치, 생산성, 장, 단기 기업목표 사이의 균형, 종업원의 태도 등에 관한 자세한 정보를 확보하도록 한다. 다섯째, 확보된 정보를 통해 기업의 성과와 CEO에 관한 명확하고 투명성 있는 평가가 필요하다.

Byrd와 Hickman(1992)에 의하면 CEO의 질에 대한 가정을 하고 있다. CEO가 "이사의 독립성이 보장된 이사회"를 구성해 기업의 감시 활동을 적극적으로 한다는 사실을 주주들에게 보여주고 있다. 다시 말해 CEO가 이사규모를 줄여서 자신에 대한 좋은 인상과 호감을 주주들에게 의도적으로 주고 있다고 현실적인 문제를 지적하고 있다. 그리고 이와 같은 CEO의 비윤리적 도덕적 해이를 감안할 때,

이사규모와 기업가치와의 관련성을 다른 대안설명이 없이 액면 그대로 받아들일 수 없다는 견해를 피력하고 있다.

2) 대리인 이론

기업지배에 대한 접근 방법으로는 대리인 문제에 의한 접근법이 일반적이다. 그것은 기본적으로 기업의 소유자인 주주가 직접 경영활동을 하는 것이 아니라 대리인인 경영자에 의해서 이루어진다. 즉 주주는 기업에 자금을 제공하고 최종적인 수익에 대한 청구권을 가지며, 실제 기업경영은 그의 대리인인 경영자에 의존하게 된다. 이러한 주인과 대리인의 관계를 필연적으로 상호 이해의 갈등과 그에 따른 견제, 감시, 통제에 관한 문제를 야기시킨다. 이러한 대리인문제의 접근은 기업의 다양한 이해관계자 간의 관계를 주인과 대리인의 관점에서 파악하고 이들 사이의 이해조정, 감시, 견제 또는 통제기능이 어떻게 이루어지는가를 파악할 수 있게 해 준다.

1990년대에 와서 미국, 영국, 독일, 일본, OECD 등 세계 각국은 주식회사의 거버넌스 개선에 많은 노력을 기울여 왔으며, 우리나라의 경우도 예외는 아니다. 우리나라는 1990년 10월에 기업 거버넌스에 관한 모범규약을 제정하였고 정부는 OECD의 기업 거버넌스 원칙 제정작업 등 국제적인 규범화 움직임에 대응하여 자체적인 거버넌스 개선요구에 부응하기 위해 모범규약을 만들기로 하고, 이를 전담할 기구로 각계 민간전문가로 구성된 기업지배구조개선위원회[2]를 발족시킨 바 있다(박종일, 2003). 우리나라의 경우는 외환위기의 원

---

2) http://www.cgs.or.kr

인 중 하나로, 재벌 및 대주주 경영자 위주에 따른 기업지배구조에 취약성이 있었다는 공감대가 대내외적으로 형성되었다. 이러한 기업지배구조의 취약성에 대한 지적은 우리나라 기업들의 경영활동을 감시와 견제하기가 매우 어렵다는 점에 대한 그 배경이 있다.

기업 지배구조와 관련된 선행연구는 소유지분이 집중된 기업이 외부주주 부의 극대화에 긍정적인 영향을 미친다는 연구와 소유지분이 집중된 기업이 외부주주 부의 극대화에 부정적인 영향을 미친다는 연구로 나눌 수 있다(Bushman 등, 2001; Shleifer 등, 1997). 전자는 이해관계자 간 이해일치가설이라 볼 수 있고 후자는 외부소액주주들에 대한 지배주주의 이익침해가설이라고 부른다(박종일, 2003).

자본주의가 발달된 미국에서 Jensen & Meckling(1976)의 대리인이론을 바탕으로 재무관리, 회계학, 경제학 분야에서 활발하게 연구가 진행되었다. 이들은 소유지분이 분산된 기업에 비해 집중된 기업에서 지배주주는 경영자에 대한 감시·감독기능 수행이 보다 수월한 것으로 보고, 이 경우 대리인 문제가 감소될 것으로 보았다.

최근의 실증연구들은 기업의 집중된 소유구조가 오히려 외부소액주주 부의 극대화에 부정적인 영향을 미치는 것으로 보았다. 이러한 연구로는 Shleifer와 Vishny(1997), La Porta 등(1999; 2000), Clasessens 등(2000) 등으로 이들은 지배주주(최대주주)와 외부소액주주들 간에 이해관계의 상충을 대리인 문제로 보고 연구를 했다. 이들의 연구는 Jensen & Meckling(1976)의 주장과는 달리 지배주주의 지분율 증가는 기업 가치를 감소시킨다는 것이다.

기업 거버넌스는 대리인 이론을 바탕으로 하는데, 대리인 이론에 의하면 주주는 주인의 입장에서 장기적인 이익의 극대화를 원한다(Monks 등, 2001). 그런데 이러한 이익의 극대화를 위해서 기업은 현재 안정적으로 수익을 창출할 뿐만 아니라, 연구개발과 같은 장기 투자를 적절하게 해서 미래의 수익성도 보장받아야 한다. 그러나 대리인인 경영자는 이러한 장기적인 이익 증가를 가져오지만, 보상 기간이 길고 결과의 변동이 큰 투자를 꺼린다(David 등, 2001). 왜냐하면 불확실성이 큰 투자는 자신의 보상 감소 및 고용안정성의 저하를 가져올 가능성을 지니고 있기 때문이다(Baysinger 등, 1991). 또한 주로 단기 실적(투자수익률, 성장률 등의 재무적 지표)에 기반들을 두어 자신을 평가하는 시장환경도 장기투자에 대한 투자를 꺼리게 되는 요인이 된다.

기업 소유구조와 위험선호 간의 기존의 실증연구로 인해 외부 주주의 소유 집중도가 높을수록, 경영자의 주식 소유 비중이 클수록, 기관투자가의 비중이 클수록 경영자의 위험선호도가 커진다는 것을 문헌조사를 통해 나타냈다(김경묵, 2003). 특히 그는 실증연구를 통해 경영자가 주식을 가질 경우 대리인이론이 주장하는 것처럼, 경영자의 위험선호도가 높아지는 것을 밝혔다.

대리인 이론에 의하면 주주와 경영자의 위험선호도는 일치하지 않는다. 그것은 주주와 경영자의 위험 분산 메커니즘이 서로 다르기 때문이다. 주주는 여러 기업에 분산투자를 함으로써 특정 기업의 투자에서 오는 위험을 분산할 수 있고 비교적 적은 비용으로 자신의 주식을 타인에게 넘길 수 있다(Jensen 등, 1976). 반면에 경영자는 특정 기업의 파산으로 인한 자신의 고용 불안과 보상의 감소라는 위험을 분산할 효과적인 기제를 주주만큼 쉽게 가질 수 없다. 특정 기업이 파산하게 되면 경영자는 그 기업에서 실직하는 것이 일반적이다. 또한 전직을 하고 싶어도 실패 경영자라는 낙인과 특정 사업에 대한 오랜 종사로 생긴 특정성(specificity)으로 인하여 이직이 쉽지 않다. 따라서 대리인 이론에 의하면 기본적으로 경영자는 위험 회피적이다(Jensen 등, 1976). 그렇기 때문에 연구개발 같은 대규모 투자보다는 점진적인 개선을 추구하거나 연구개발 투자 몫을 주주의 환심을 사기 위한 배당금으로 활용할 수도 있거나 기업의 혁신에 반하는 부문, 예를 들어 사업 부문의 확장, 설비투자, 임금인상, 광고 증대 등에 쓸 수 있고, 아예 지출을 줄이고 유가증권을 사거나 은행에 예금의 형태로 넣어 들 수도 있다(김경묵, 2003). 문제는 이러한 과소 투자 대안들은 연구개발에 대한 투자에 비하여 단기 이익 측면에서 우위에 있긴 하지만 장기적으로 기업의 경쟁력 저하를 가져오고, 결과적으로 기업의 가치 저하를 몰고 올 수 있다는 것이다(Balkin 등, 2000).

제2절 IT 거버넌스에 대한 개념

기업 거버넌스, 재무 거버넌스, IT 거버넌스이든 간에 각 거버넌스 형태는 비즈니스 경제 성과와 직접적인 관련이 있다. 예를 들어 기업 거버넌스는 기업이 존재하기 시작한 순간부터 존재를 한다. 그렇기 때문에 거버넌스는 존재의 유무의 관점에서 살펴볼 것이 아니라 효율성의 측면에서 바라봐야 한다. 재무 거버넌스나 마케팅 거버넌스 등 다른 거버넌스와는 달리 IT 거버넌스가 관심을 받는 이유는 아직까지 IT 위상에 비해 제대로 관리가 되지 않기 때문이다. 즉 IT의 비즈니스 가치, 기술의 높은 비용, e비즈니스 실험 국면에서 부각된 문제들 때문에, IT는 거버넌스가 필요한 도메인의 가장 현격한 예이다.

IT 거버넌스는 IT를 사용하는 데 바람직한 행동을 장려하는 의사결정과 책임을 위한 프레임워크를 명확히 하는 것이다(Weill, 2004). IT 거버넌스는 누가 의사결정을 하는지, 누가 의사결정에 영향력을 가지고 있는지, 이런 사람들이 어떻게 그들의 역할에 책임지는지를 체계적으로 결정하는 체계이다. 여기서 거버넌스란 대단히 기초적이고 중요한 것, 즉 IT 의사결정이 어떻게 이루어지고, 누가 결정하며, 누가 무엇에 대해 책임지는가와 관련된다(Broadbent 등, 2004). IT 거버넌스는 IT 관리와는 다른 개념으로 IT 거버넌스가 바람직한 행동들을 몰아가는 투입 및 의사결정권에 관계한다면 IT 관리는 특정한 IT 의사결정을 내리고 시행하는 것이다. 이 외에도 IT 거버넌스에 대한 정의는 [표 2-2]와 같다.

[표 2-2] IT 거버넌스의 정의

IT 거버넌스 정의	연구자
IT를 사용하는 데 바람직한 행동을 장려하는 의사결정과 책임을 위한 프레임워크를 명확히 하는 것이다	Weill(2004)
IT 전략의 개발 및 추진을 관리하고 이를 통해 비즈니스와 IT를 융합시키기 위해 이사회, 경영진, IT 관리자가 추진하는 조직 기능이다.	Grembergen(2005)
IT에 대한 의사결정 권한을 공유하고, IT 투자 성과를 모니터 하기 위한 회사의 전반적인 프로세스를 의미한다.	Weill & Vitale(2002b)
이사회와 경영진의 책임이다. IT 거버넌스는 기업 거버넌스의 통합적 부분이며 조직의 전략과 목표 달성을 뒷받침하는 조직구조와 프로세스, 그리고 리더십으로 구성된다.	ITGI(2001)
핵심 IT 업무와 관련한 의사결정 권한을 규정한다.	Sambamurthy & Zmud(2000)

 IT 거버넌스의 개념 중에 한 가지 중요한 공통점은 현재 및 미래 비즈니스 목표와 IT의 연계라 할 수 있다. 이 부분은 IT 관리와 IT 거버넌스의 차이를 설명하는데도 관계가 있다. IT 관리는 IT 서비스와 제품의 효과적인 내적 공급과 현재의 IT 운영에 중점을 둔다. 반면 IT 거버넌스는 좀더 넓은 의미에서 고객과 기업의 현재 및 미래 수요를 충족시키기 위해 IT를 운영하고 발전하는 데 중점을 둔다(Grembergen, 2005).

 효과적인 IT 거버넌스는 다음의 세가지 질문에 답할 수 있다(Weill 등, 2004).

- 어떤 결정이 IT의 효과적인 관리와 사용을 보증할 수 있는지?
- 누가 이런 결정을 내리는지?
- 이런 결정은 어떻게 만들어지고 통제가 되는지?
- IT 거버넌스 위원회에 따르면 IT 거버넌스는 다음과 같은 목적을 달성하기 위한 IT의 성과를 보증하기 위한 직접적인 IT 노력이라고 간주했다(ITGI, 2001).
- 기업의 IT와의 연계와 예정된 이익의 실현
- 기회 탐색과 이익 극대화를 가능하게 하는 IT 사용
- IT 자원의 책임 있는 사용
- IT 관련 위험의 타당한 관리

1. IT 거버넌스의 중요성

1) 기업 거버넌스의 개선 요구

1990년대에 와서 미국, 영국, 독일, 일본, OECD 등 세계 각국은 주식회사의 거버넌스 개선에 많은 노력을 기울여 왔으며, 우리나라의 경우도 예외는 아니다. 우리나라는 1990년 10월에 기업 거버넌스에 관한 모범규약을 제정하였고 정부는 OECD의 기업 거버넌스 원칙 제정작업 등 국제적인 규범화 움직임에 대응하여 자체적인 거버넌스 개선요구에 부응하기 위해 모범규약을 만들기로 하고, 이를 전담할 기구로 각계 민간전문가로 구성된 기업지배구조개선위원회3)를 발족시킨 바 있다(박종일, 2003). 우리나라의 경우는 외환위기의 원인 중 하나로, 재벌 및 대주주 경영자 위주에 따른 기업지배구조에 취약성이 있었다는 공감대가 대내외적으로 형성되었다. 이러한 기업지배구조의 취약성에 대한 지적은 우리나라 기업들의 경영활동을 감시와 견제하기가 매우 어렵다는 점에 대한 그 배경이 있다. IT 거버넌스가 중요해지고 있는 이유를 기업의 투명성 제고를 위한 기업 거버넌스에 대한 관심과 IT 투자의 증가에서 찾아볼 수 있다.

IT 거버넌스가 최근 주목받게 된 이유를 간단히 살펴보면, 2002년 중반에 연이어 일어났던 Enron, WorldCom 등의 사건에서 비롯된 기업 거버넌스에 대한 관심에서 시작된다. 회계법인과의 공모로 분식회계를 통해 주주에게 막대한 재무적 손실을 발생시킨 이 스캔들은 기관과 개인 투자자들의 기업에 대한 신뢰를 저해했고, 결국 기업들

---

3) http://www.cgs.or.kr

은 그들의 주주를 보호하기 위한 조치를 강화하기 시작했다. 기업에 대한 신뢰 저하는 전 세계적인 주가 하락으로 나타났다. 특히 미국의 경우에는 2002년 상반기에 S&P 지수가 16%나 떨어졌고 기술집약적인 NASDAQ도 36%나 폭락했다. 이에 미국 정부가 중재에 나섰고, 새로운 법률(the Sarbanes-Oxley Act, SOX)을 통해 최고경영자가 직접 그들 회사의 회계와 보고에 책임을 지도록 했다. 동시에 미국 기업들도 의사결정과 책임에 대한 명확한 소재를 밝혀서 주주들을 보호하기 위해 자체적으로 규정의 수준을 높였다(Damianides, 2005).

SOX 법은 2002년 7월 30일에 제정되었으며, 특정 조항의 시행은 미국 증권거래위원회(SEC: Securities and Exchange Commission)가 제정한 규칙(SEC Rules)을 통해 구체화되며, 일부 조항은 동법 공표와 동시에 효력을 가진다.

미국 증권거래위원회에 등록한 미국 국내업체(SEC Registrants)는 본 SOX를 반드시 이행해야 하며 증권거래위원회에 보고 의무가 있는 외국법인의 경우도 SOX의 모든 조항을 준수해야 한다. 다만 각 국의 특성을 고려하여 일부 사항에 대한 예외도 인정한다.

SOX는 미국 국내업체에 대한 기업 거버넌스, 법규 및 표준을 제공하고 있으며 미 증권거래위원회는 기업들이 인식 가능한 내부 통제프레임워크(Internal Control Framework)를 필수적으로 갖추도록 요구하고 있다. SEC은 이와 관련하여 준거기준(framework)으로 COSO (the Committee of the Sponsoring Organizations)의 프레임워크를 따르도록 하고 있다. SOX에는 많은 섹션들(11개 타이틀, 69개 섹션)이 있지만 IT 통제와 관련해서는 Financial Reporting Process의 내부통제절차에 대해 언급하고 있는 섹션 302와 섹션 404에 대해서만 언급하도록 한다.

SOX를 적용하는 데에 IT 통제가 중요한 부분을 차지하고 이유는 대부분의 기업이 비즈니스를 수행하기 위해 정보기술을 이용하고 있으며 재무 보고의 신뢰성은 적절하게 통제된 IT 환경에 크게 의존하고 있기 때문이다. 또한 Y2K와 같은 이벤트성 조치와는 다르게 SOX는 정기적으로 평가되고 통제되어야 하므로 적절한 IT 통제 프레임워크를 통해서 평가되고 통제되어야만 한다.

SOX의 302조와 404조에 대한 간단한 요약은 [표 2-3]과 같다.

[표 2-3] 샤베인-옥슬리 법안의 302조와 404조

	재무보고를 위한 기업 책임	내부통제를 위한 경영 평가
주체	CIO, CFO	기업 경영
대상	인식된 통제의 효과성 평가(최근 평가 이후 변경된 사항에 대해 초점을 맞춤) 재무보고에 대한 내부통제절차 변경사항에 대한 평가 통제에 대한 약점과 결함 파악 사기 행위 적발	경영진의 재무보고에 대해 적절한 내부통제 구조와 절차에 대한 설계 및 운영에 대한 책임 재무보고에 대한 내부통제와 절차에 대한 효과성 평가
시간	2002년 7월에 이미 시행 중	2004년 6월 이후 최초로 종료하는 회계연도부터 적용
방법	경영진에 의해 분기마다 평가	매년 경영진의 평가 및 외부감사인의 감사 후 의견표명

SOX 법안에 따르면 미국 증시에 상장한 기업은 의무적으로 내부통제시스템을 갖추어야 한다. 미국 내 상장 기업은 2004년부터, 외국 상장기업은 2005년부터 내부통제시스템을 갖도록 규정했지만, 외국 상장기업은 1년간 유예기간을 적용, 2006년부터 본격 시행된다.

미국의 사베인-옥슬리 법안(the Sarbanes-Oxley Act)은 기업 거버넌스의 투명성 개선을 요구하는 대표적인 법안이다.[4] 이 법은

Paul Sarbanes 상원의원과 Michael Oxley 하원의원이 발의한 법안으로써 기업들에게 내부 통제와 보고에 관한 것으로 관리자와 이사들의 터무니없는 행동을 제동을 걸기 위함이다(Bloem 등, 2006).

WorldCom의 추락은 1800억 달러의 시장 가치가 사라진 것을 의미한다. 투자 은행과 회계사들은 단합하여 실제로는 존재하지 않는 시장 가치를 부풀렸던 것이다. 결과적으로 2000년 3월에 미국의 주식 가격은 폭락했고, 궁극적으로 신경제의 실패로 이어졌다. SOX 법안은 기업들에게 내부 통제를 최우선으로 하게 만들고 있다. 이를 통해 투자자들을 보호하는 것과 동시에 이사들에게 책임을 부여하게 만들었다. 즉 이 법안에 의하면 기업은 회계 담당을 감시하기 위한 경영진에 직접 보고를 하지 않는 독립적인 감사 위원회를 임명하게 되어 있다.

SOX 법안이 미국 내 기업을 대상으로 하는 반면에 바젤 II는 은행권에 대한 법안이다. 1988년 G10의 중앙은행은 은행산업에 대해서 공통최소자본기준(Common Minimum Capital Standards)을 적용하기 위하여 바젤협약(Basel I)을 도입한다. 이 협약은 이후 약 100여개국에 채택되어 사실상 국제 금융시장의 규범으로 자리잡았다. 이 협약은 은행산업에 적용되는 규제수단으로서의 구조를 가지고 있으며, 국제결제은행(BIS; Bank for International Settlements) 산하의 바젤위원회가 주도하고 있다. 이후 금융시장에는 파생상품과 자산유동화와 같은 구조화 금융 분야(structured finance)가 급속히 발달하게 되고 기존협약의 한계를 초래한다. 또한 위험관리기법이 선진화되고 경제적 자본(economic capital)과 규제자본(regulatory capital) 간의 괴리가 발생하고 자산유동화를 이용한 규제자본차익거래(regulatory capital

---

4) the Sarbanes‒Oxley Act＝SOX

arbitrage)도 증가하였다. 신바젤협약의 도입목적은 바로 이와 같은 문제점을 개선하고자 함이다(양현조, 2004).

그럼 기업 거버넌스의 투명성을 강조하는 이 법안과 IT 거버넌스는 어떤 관계가 있을까?

첫째로 기업의 중요핵심업무가 IT나 IS에 의해 구축되었다는 점이다. 데이터 조작을 막는 가장 중요한 방법은 투명성과 개인 책임이다. 이사의 서명이 있는 정확한 데이터에 기초한 의사결정은 조직을 신뢰받게 할 수 있다. 이 법안은 특히 경영에 직접 참여와 정보 기술의 사용에 관해서 매우 중요한 전환점을 마련한 것이다. 입법자와 주주들은 그들이 받는 정보가 정확하다는 것을 보장받기를 원한다. 그럼에도 불구하고 기업 정보의 대부분은 투명성과는 거리가 멀다.

둘째, 기업들의 해마다 IT에 엄청난 금액을 투자하고 있고, 이사들은 IT 투자에 의해 산출된 수익에 관심이 갈수록 증가하고 있다는 점이다(Barua 등, 1995). 미국 자본투자의 50%가 IT에 투자되며 2005년에는 1조 달러에 이를 것이라고 IDC는 관측하고 있다(Bloem 등, 2006; Read, 2004). IT를 과거와는 다른 위상에서 살펴봐야 한다. 기업은 IT에 대한 지출이 엄청나게 늘어나고 있는 현실이고 더불어 IT의 중요성도 매우 커졌다. 더욱이 비즈니스와 IT의 경계도 모호해지고 있는 상황이다. 이처럼 이사회가 IT 거버넌스에 주체가 되야 한다는 사회경제적 요구가 늘어가는 상황인데 아직까지 IT에 대한 이사회의 역할에 대한 연구는 미미한 실정이다.

2) IT 위험의 증가

ERP를 만드는 SAP의 매출액은 1992년에는 5억 달러였으나 1997년에는 33억 달러로 급증했다(Davenport, 1998). 이는 전 세계의 기업들이 IT에 많은 투자를 하고 있다는 단적인 예이다.

Weill과 Broadbent(1998, p.37)에 따르면 7개국 27개 회사의 54개의 사업을 분석한 결과, 수익의 4.1%와 비용의 7.7%를 매년 IT 관련해서 투자를 했다. 그리고 Benko와 McFarlan(2003)도 미국 전체 자본투자의 50%가 IT에 투자되지만 IT 프로젝트의 70%가 기대와 부합하지 못하고 있다고 밝히고 있다(Read, 2004). 특히 IT 프로젝트의 16%만이 제시간에 원래의 비용 안에서 달성되며 프로젝트의 31%가 완료되지 못하고 취소되는 금액이 810억 달러에 달한다고 한다(Strassman, 1997).

그중에서도 IT 인프라스트럭처 투자는 대기업의 IT 총 예산의 58% 및 수익의 4%를 차지하는 장기 투자결정이다(Broadbent 등, 1997). 그리고 해마다 이 비용은 11% 증가하는 실정이다.

IT에 대한 현재의 위상을 고려할 때 IT 거버넌스는 기업 거버넌스와 매우 밀접한 관계가 있다. 기업이 잘못된 IT 의사결정으로 실패를 경험한 사례는 많다. Rainer 등(1991)에 의하면 Sun Microsystems Inc는 새로운 전사적인 컴퓨터 시스템의 도입으로 80년대 말에 순이익의 감소를 가져왔다. 이런 정보시스템의 잘못된 도입이나 해킹, 시스템 고장으로 기업의 이익에 엄청난 피해를 입히는 사례는 많다.

그중 몇 개의 대표적인 사례는 [표 2-4]와 같다(Davenport, 1998; Girard, 2002 2002; Posthumusa 등, 2005). 디즈니는 8억 7천 8백만 달러를 Go.com에 투자했다가 손실을 봤고, Kmart는 IT가 기대에 못 미쳐

1억 3천만 달러를 감가상각을 했다. 그리고 Nike는 소프트웨어에 잘못된 투자로 인해 4억 달러 손실을 입었다. 이런 IT 위험 관리 실패 사례는 결국 체계적인 IT 거버넌스 구축 실패에 그 원인이 있다고 본다.

[표 2-4] 정보시스템의 실패사례

회사명	실패사례
Disney	2001년 8억 7천8백 달러 손실-Go.com 폐쇄
Kmart	1억 3천만 달러 감가상각-IT가 기대에 못 미침
Gateway	1억 4천3백만 달러 손실-기업 전략을 지지하지 못해서 폐기된 IT 프로젝트
Nike	소프트웨어에 잘못된 투자로 인해 4억 달러 손실
FoxMeyer Drug Co	잘못된 ERP 시스템으로 인해 파산을 부채질함
Dow Chemical	7년 동안 5억 달러를 메인 프레임 기반 엔터프라이즈 시스템 구축에 투자했으나 결국 C/S 시스템으로 전환하기로 결정
Dell Computer	자신들의 시스템이 새롭고 분산된 관리 모델에 적합하지 않다고 판단

효과적인 IT 거버넌스는 이해관계자의 가치를 보호하며, IT 위험을 계량화하고 이해시키며, IT 투자, 기회, 성과, 위험을 감독하고 통제하고, IT와 비즈니스를 연계시키면서 IT를 전략적 계획의 중요한 정보이자 요소로 수용하며, 현재의 운영을 지속시키고 미래를 준비하고, 글로벌 거버넌스 체계의 통합적 부분이다. IT 거버넌스가 중요한 이유는 크게 두 가지의 측면에서 살펴볼 수 있다(Weill 등, 2004). 첫째, IT 거버넌스는 수지가 맞는다. 평균 이상 거버넌스 성과를 내는 기업들은 같은 전략을 추구하는 허술한 거버넌스를 가진 기업보다 20% 높은 ROA를 가진다. 둘째, IT는 비싸다. 평균 기업의 IT 투자는 연 수익의 4.2%보다 크고, 여전히 증가하는 중이다.

2. IT 거버넌스의 요소

구조, 프로세스, 통제 프레임워크는 IT 거버넌스 문헌 조사에서 자주 사용되는 용어들이다(Webb 등, 2006). 이 용어들은 IT 거버넌스의 애플리케이션, 구축, 개발을 위한 중요한 개념과 도구를 제공해 준다. Boar(2001)는 조직구조는 전략을 촉진하는 데 필수적이라고 했다. Webb 등(2006)에 의하면 구조는 전략의 성공을 촉진시키는 데 중요하지만, 구조는 전략이 아니라고 했다. IT 거버넌스도 구조는 아니지만 적절한 구조에 의해서는 촉진될 수 있다고 했다. 그러므로 IT 거버넌스의 개념을 잘 이해하기 위해서는 구조와 통제 프레임워크가 필요하다.

1) 구 조

대부분의 기존 문헌은 IT 거버넌스에 대한 기존 혹은 제안된 구조를 묘사하거나 분류하는 관점에서 접근한다(Peterson 등, 2002). 주로 논의되는 것은 IT 거버넌스 의사결정의 주요 형태에 대한 것이다. 초기의 연구는 IT 의사결정의 기본적인 위치에 대한 것이고, 후기에는 이것을 확정시킨 연구들이 주를 이룬다.

2) 프로세스

IT 자원은 조직의 목적을 달성하기 위한 필요한 정보를 제공하는데, 이것의 효과적인 관리는 IT 프로세스들에 의해서 이루어진다(Webb 등, 2006). 비즈니스 전략과 IS 전략을 연계를 하는 것처럼 조직이 기업 거버넌스 프로세스와 IT 거버넌스 프로세스가 밀접하게 연계되도록 하는 것은 매우 중요하다.

3) 통제 프레임워크

IT 통제 프레임워크는 미리 정의된 요소, 기준과 관련해서 조직의 그들의 상황을 측정, 감시, 평가를 가능하게 하는 프로세스, 절차, 정책의 집합이다(Webb 등, 2006). 강력한 내부 통제를 유지하는 데 최우선 과제는 위험을 감소하거나 약화시키는 것이다. 정보 시스템과 기술 진보는 기업을 사기 같은 새로운 종류의 위험에 노출시켰다.

제3절   IT 거버넌스 최신 연구 동향

지금까지의 IT 거버넌스 연구는 크게 IT 거버넌스 형태와 IT 거버넌스의 상황적 영향(Contingency influences)에 대한 것과 이 두 흐름을 통합한 연구로 [그림 2-2]과 같이 분류할 수 있다(Brown 등, 2005).

첫째, IT 거버넌스 형태에 대한 연구로 초창기에는 집중형과 분산형에 대한 연구에서 이 둘의 장점을 결합한 연방형이 추가되어 삼분법적인 분류가 진행되어 왔다.

둘째, IT 거버넌스의 상황 요인을 분석하는 연구로 산업, 회사의 크기, 경쟁 / 비즈니스 전략 등의 상황적 요인과 IT 거버넌스와의 관계를 분석하는 연구가 진행되었다.

셋째, 기존의 두 흐름을 통합한 연구로 Weill과 Ross(2004)가 23개국 250개의 조직에 대한 IT 거버넌스 형태와 상황 요인을 동시에 고려한 프레임워크를 제시했다.

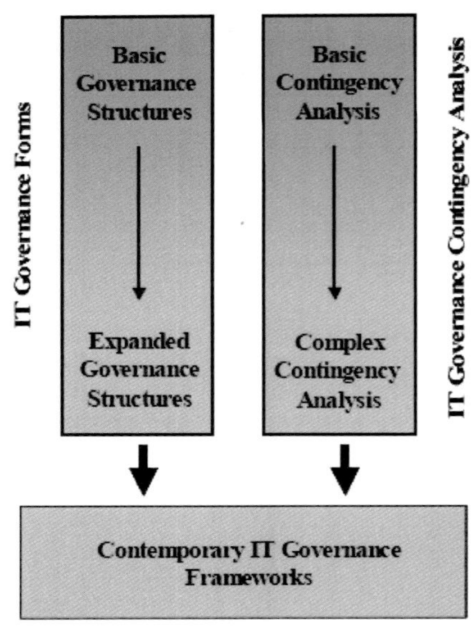

[그림 2-2] IT 거버넌스 연구의 개념적 프레임워크

1. IT 거버넌스 구조에 대한 연구

IT 거버넌스 구조에 대한 연구는 IT 조직들에 의해 도입된 의사결정 구조에 관한 것이다. 초기의 연구는 IT 의사결정 구조가 집중형과 분산형의 이분적인 사고에서 보다 심도 있는 이해를 도모하는 것에 초점이 맞추어져 있었다. 즉 이 형태는 개별 IT 조직들에 의해 도입된 IT 거버넌스와 의사결정 구조 사이의 직접적인 연결에 중점을 뒀다.

1) 집중형과 분산형 IT 거버넌스

1960년대 후반의 대형 컴퓨터의 출현으로 인해 조직은 전에는 지역적으로 분산되어서 수행되었던 데이터 분석을 중앙에서 직접 처리할 수 있게 되었다. 중앙 집중식의 하드웨어와 분석 능력의 증가로 인해 정보기술 관리자들은 조직 구조를 집중형 구조로 만들 수 있었다(Olson 등, 1980). 이런 결과 대부분의 기업들에서 IT 관리 책임들은 전체 작업량을 만족시킬 수 있는 충분하고 집중된 IT 자원을 공급받고 있는 집중화된 IS 조직에게 위임되었다(Boynton 등, 1987).

IT 거버넌스 구조에 대한 연구는 의사결정 권한에 대한 조직의 배치와 IT 활동에 대한 조직 구조에 대한 것에 초점이 맞추어졌다. 초기 연구는 IT 결정에 누가 관련되었는지와 ROI 극대화를 위해 어떤 조직 구조를 갖추어야 되는지가 다루어졌다(Garrity, 1963).

이런 상황으로 인해 집중형 IT 거버넌스와 분산형 IT 거버넌스

(Brown 등, 1994)의 두 가지 기본 거버넌스 디자인이 논의되었다.

집중형 거버넌스 디자인은 모든 의사결정권한이 중앙 IS 조직에 있는 반면에 분산형 거버넌스 모델은 모든 의사결정권한이 개별 사업단위나 프로세스들의 범위 안에서 결정된다(Brown, 1997). 연구자들은 주로 집중형과 분산형 거버넌스 모델의 다양한 제안된 장점과 단점을 논의했다(Cross 등, 1997; Kayworth 등, 2000). 이 연구로부터 대부분의 학자들은 집중형 구조는 IT 표준에 대한 통제가 쉽고, 일반적인 규모의 경제를 실현할 수 있는 더 많은 기회를 제공한다는 데 동의했다. 반면에 분산형 구조는 각 사업단위를 필요성을 해결하기 위해 개별화를 증가시키고 사업단위 필요성에 즉각적인 반응을 보인다는 것을 발견했다.

2) 연방형 IT 거버넌스

집중형과 분산형 거버넌스 구조의 개별적인 장점에 대한 일반적인 이해가 가능해지자 IT 관리가 직면하는 새로운 딜레마를 검토하기 시작했다. 어떻게 하면 한 조직 내에서 이분법적인 거버넌스 시스템의 역설을 처리할 수 있을까? 기업들은 조직의 구석구석까지 관리자들이 자유재량으로 IT 의사결정을 원할 뿐만 아니라 동시에 집중형 관리도 원한다(Boynton 등, 1987). 이를 위해 IT 의사결정 구조를 수직적으로 확장하기 시작했다. 즉 연구자들이 IS 조직 구조를 엄격한 이분법적인 분류에 대한 의문을 가지고 시작했기 때문에 집중형과 분산형 사이의 이분적인 패러독스를 절대적인 것으로 취급하는 것은 제한적일 뿐만 아니라 비현실적인 것으로 간주했다. 이를 해결하고자 연속적인 분류, 불연속적인 명목적인 분류, 양극단의 재정의를 통한 3가지의 주요 방법들이 출현했다.

집중형과 분산형 거버넌스 구조는 비현실적인 이분법적인 구조로 인식되면서, 이런 연속적인 분류에 대해 몇몇의 학자들은 집중형과 분산형의 극단 사이에 중간 지점의 개념을 도입했다(King, 1983). 반면에 다른 학자들은 조직의 구조를 두 끝점 사이의 연속적인 것으로 취급하기 시작했다(Olson 등, 1980; Tavakolian, 1989). Zmud 등(1986)은 집중형과 분산형 모델의 장점을 균형을 맞추기 위한 조직을 설명하기 위해 삼분법인 구조를 만들어냈다(Brown 등, 2005). 이런 새로운 거버넌스 모델을 연방형 거버넌스 프레임워크라고 명명되었다. 그들은 연방형 모델을 중앙 유닛은 IT 인프라스트럭처에 기본적인 책임을 가지고 있는 반면에 사업단위는 그들 자신의 애플리케이션 시스템의 계획, 개발, 운영에 대한 책임을 가지고 있다고 했다(Zmud 등, 1986).

기업 환경에서 IT 연방형 거버넌스 모델은 사업단위가 전체 IS 기능의 부분을 통제시킬 수 있으며 집중형 IT 그룹에 핵심 IT 서비스들 제공할 수 있도록 함으로써 집중형과 분산형 조직의 장점을 모두 이용할 수 있다(Boynton 등, 1987; Rockart 등, 1996).

비록 일반적으로 채용되어서 사용되기는 하지만 연방형 거버넌스라는 용어는 분산 거버넌스, 하이브리드 거버넌스(Brown, 1997), 거버넌스의 균형 모델(La Belle 등, 1987)과 같은 의미로 사용되었다.

기본 집중형과 분산형 프레임워크의 세 번째의 수직적 확장은 각 극점의 재정의와 관련이 있다. 분산형 거버넌스 형태 안에서 의사결정 권한의 선택을 연구하는 것이다. 대부분의 이 연구는 집중형 IS 부서에게 기업 인프라스트럭처, 계획, 운영 같은 핵심 서비스의 책임을 위임하는 동시에 라인 매니저에게 기술 사용의 책임을 지우는 것과 관련되어 있다(Boynton 등, 1992; Rockart, 1988).

고전적인 집중형 / 분산형 이분적인 관계를 고려할 때, IT 거버넌스 연구에서 라인 관리 책임을 지우는 것은 분산화된 거버넌스 디자인에서 의사결정 책임을 질 수 있는 특정 그룹의 매니저들을 선발하는 것이다.

이런 측면에서 분산 시스템의 개념은 명쾌하게 이해가 되어 왔다 그러나 분산형 구조 안에서의 명시적인 의사결정 권한은 실질적으로 다루어지지 않았다(Boynton 등, 1992; Boynton 등, 1987; Rockart, 1988; Rockart 등, 1996).

현업 전문가의 관점에서는 라인 매니저가 IT 거버넌스보다는 분산형 구조를 더 선호한다는 것은 별로 놀라운 현상이 아니다. 매니저들은 비즈니스 라인을 집중형 IS 팀보다 더 잘 이해하는 것을 알았을 때 극단적으로 외부의 집중형 통제에 의해 그들의 이력과 의사결정이 진행되는 것을 극단적으로 싫어한다(Boynton 등, 1992; Rockart, 1988).

연구자들은 집중형과 분산형 IT 거버넌스 디자인 아이디어를 수직적으로 확장(연방형 제도)시키는 동시에 IT 거버넌스 구조와 다양한 IT 의사결정 유형 사이에서 시너지를 발견하려는 수평적인 확장을 시도했다. 이런 새로운 연구는 대체로 IS 조직보다는 특정 IT 의사결정을 넘어서 집중형이나 분산형의 영향에 중점을 뒀다(Sambamurthy 등, 1999).

전체 IS 조직 거버넌스 구조와 상관없이 기술 사용이 집중화되거나 분산화될 수 있는지에 대한 논의가 주로 이루어졌다(Brown 등, 1994).

IT 거버넌스 형태에 대한 흐름을 정리하자면 IT 거버넌스 연구는 거버넌스 모델이 도입할 수 있는 다양한 구조를 정의하려는 시도를 했다. 기본적인 이분적인 집중형과 분산형 디자인으로부터 시작해서, 연구자들은 조직이 실제로 운영되는 방식과 비슷한 더 확고한 거버넌스 구조의 대안을 제안하는 시도가 있었다. 기본적인 구조에 대해 이런 수직적이고 수평적 확장은 현재의 문헌조사에 사용되는 기본적인 구조를 제공하고 있다.

2. IT 거버넌스 상황 분석에 대한 연구

연구자들이 IT 거버넌스 구조에 대한 연구를 수행할 때 다른 한 편의 연구자들은 IT 거버넌스 상황 요인 분석에 매진했다. 이 연구 동향은 IT 거버넌스에 어떻게 어울리는지와 왜 어울리는지에 대한 연구에 초점이 맞추어졌다. 기본적 조직상의 선택을 조사하기보다는, 연구자들은 개별적인 IT 거버넌스 프레임워크의 성공에 영향을 주는 요인의 분석을 통해 어떤 선택이 조직을 위해 최고인지를 이해하는 시도를 했다. 현재까지 연구를 종합해 보면 연구자들은 모든 조직에 맞는 IT 거버넌스들은 존재하지 않는다에 의견을 모았다(Brown 등, 2005). 즉 특정 기업을 위한 최고의 IT 거버넌스 해결책은 다양한 요소에 상황적합적이다(Brown, 1997; Brown 등, 1994).

분석은 정형적 거버넌스 프레임워크를 위한 단일 혹은 복수의 상황적 요인을 통한 조사로부터 단일 거버넌스 디자인이 수많은 사업단위의 특정 거버넌스 형태에 대한 방향을 제시되는 정형화되지 않는 거버넌스 프레임워크 안에서 다양한 상황적 요소와 관련이 있는 복잡한 현실까지 이른다.

초기 연구들이 상황요인들에 대한 단일 효과만을 탐색했다. 그러나 현실적으로 비즈니스 조직은 복합적인 상황요인에 의해 영향을 받는다. Sambamuthy와 Zmud(1999)는 상황 요인이 어떻게 IT 거버넌스 형태에 영향을 주는지를 살펴보았다.

Brown(1997)는 기존의 연구가 enterprise level에서만 이루어진다는 단점을 지적하고 사업단위 수준에서도 정황 변수를 파악하려고 했다. 즉 그는 기존의 어떤 연구도 사업부제(multidivisional) 대기업에서 기술 사용에 대한 관리가 어떤 기업에는 분산화되어 있고 다른 부서에서는 그렇지 않는 경우가 발생하는 이유를 설명하는 정황 특징을 밝히는 연구가 없었다고 지적했다.

초기의 IT 거버넌스의 관련 의사결정의 형태는 다음과 같이 구분될 수 있다 (Sambamurthy 등, 1999).

[표 2-5] IT 거버넌스 의사결정 형태

의사결정 유형	관련의사결정	연구자
IT 인프라 스트럭처	H / W, S / W 플랫폼 IT 자산의 취득과 전파에 대한 기업 표준	La Belle와 Nyce(1987) Weill과 Broadbent(1998) von Simson(1990)
IT 사용 관리	애플리케이션 우선순위 장단기계획, 예산편성 생산과 서비스의 당일 납품	La Belle과 Nyce(1987) von Simson(1990)
프로젝트 관리	IS 애플리케이션의 개념화, 취득, 개발, 전파와 관련 있는 지식들을 가지고 IT 인프라스트럭처의 역량과 용량에 대한 지식을 결합시키는 것	Walz, Elam 등(1993) Curtis, Krasner 등(1988)

이 흐름의 초기 연구는 어떤 개별 요인이 조직을 위한 전체 IT 거버넌스 디자인의 도입에 영향을 주는지를 밝히려는 시도가 있었다. 연구는 단일 거버넌스 결정에 대한 개별적인 이변량의 상황요인을 결정하는 데 초점을 뒀다(Brown, 1997).

일부 학자들은 한 개의 상황요인으로 그들의 연구를 한정시킨 반면에, 대부분의 학자들은 실행 가능한 상호작용도 고려하지 않고 수많은 개별 상황만을 다루었다.

비상호작용적 연구의 관점에서 단일 상황요인은 우연적 요소들을 IT 거버넌스 프레임워크도입에 관한 상황적합요인에 관계된 수많은 본질적인 결과들을 가져왔다. 제안된 결과에 대한 상황적 요인은 조직 구조, 비즈니스 전략, 산업, 회사 규모를 포함한다.

조직 구조와 의사결정 구조

대부분의 연구자들은 집중형 조직이 집중형 IT 거버넌스 디자인과 연관이 있으며 분산형 조직이 분산된 IT 거버넌스 디자인과 연관이 있다고 파악했다(Brown 등, 1994; Tavakolian, 1989). 그러나 이 결론은 조직 구조와 IT 거버넌스 구조 사이에 연관성이 존재하지 않는다는 연구결과(Olson 등, 1980)로 인해 완전히 받아들이지 않았다.

경쟁과 비즈니스 전략

Tavokolian는 52개의 대형 조직을 대상으로 IT 아키텍처(거버넌스 프레임워크)와 조직적 경쟁 전략을 연결시키는 실증적인 연구를 진행했다(Tavakolian, 1989).

이 연구를 통해, 그는 보수적 경쟁전략을 가진 조직들이 공격적 경쟁전략을 가진 유사한 조직들보다 더 집중형 IT 거버넌스를 도입하려고 하는 것을 밝혔다. 이 의미는 보수적인 조직의 user department는 공격적 조직의 그것보다 IT 기능에 대해 통제력이 약하다는 의미이다.

나중에 Henderson과 Venkatraman(1999)은 4개의 기본적인 전략적 선택 도메인을 통해 전략적 연계 모델을 개발해서 효과적인 IT 거버넌스 구조를 결정할 수 있었다.

산업 형태

이스라엘의 303개의 조직을 대상으로 한 Ahituv 등의 연구에 따르면 조직 내에서 분산화의 수준과 기업의 산업 형태 사이에는 어떤 연관성도 발견하지 못했다(Ahituv 등, 1989).

Clark의 뒤이은 연구는 이 결과를 다시 지지했다(Clark, 1992).

회사의 규모

많은 연구에서 회사의 규모와 IT 거버넌스 형태에 대한 중요한 연관 요인을 찾지 못했다(Ahituv 등, 1989; Clark, 1992; Tavakolian, 1989).

3. IT 거버넌스와 형태와 상황을 모두 고려한 통합 연구

기존의 두 흐름을 통합한 연구로 Weill과 Ross(2004)가 23개국 250개의 조직에 대한 IT 거버넌스 형태와 상황 요인을 동시에 고려한 프레임워크를 제시했다.

그들이 조사한 기업에 대한 분류는 다음과 같다. 그들은 기업들을 제조업, 정부기관, 재무 서비스 등의 일반적인 산업분류로 구분 지었고 조직의 형태를 상장, 정부기관, 자회사, 비상장, 비영리기업으로 구분을 했다.

[표 2-6] IT 거버넌스 정렬 매트릭스

		의사결정				
		IT 원칙	IT 아키텍처	IT 인프라 스트럭처 전략	비즈니스 애플리케이션 필요성	IT 투자
형태	비즈니스 군주제					
	IT 군주제					
	봉건제					
	연방제					
	복점제					
	무정부주의					

그들이 제시한 프레임워크는 크게 IT 의사결정과 IT 거버넌스 형태로 나눌 수 있다. 먼저 IT 의사결정은 다음과 같이 다섯 가지로 구분된다(Broadbent 등, 2004; Weill, 2004).

- IT 원칙(IT Principle)-IT의 비즈니스 역할을 명확히 하는 것으로 비즈니스에서 IT가 어떻게 사용되어야 하는지에 대한 상위 계층의 명세서로 볼 수 있다(Broadbent 등, 1997; Davenport 등, 1989).

- IT 아키텍처(IT Architecture)-아키텍처는 비즈니스 요구를 충족시키는 데 있어서 조직을 유도하는 데 사용되는 기술적 선택의

통합된 집합이다. IT 아키텍처란 비즈니스 니즈를 충족시키기 위해 기업의 통합과 표준화의 기술적 선택을 규정하는 것으로 볼 수 있다(Ross, 2003). 즉 IT 아키텍처는 정보기술의 사용을 지배하고 미래에 비즈니스가 행해져야 할 방법에 대한 방향을 계획하는 정책과 법칙의 집합인 것이다(Weill 등, 1998).

- IT 인프라스트럭처(IT Infrastructure)—기업이 자신의 사업 목적에 부응하기 위해 신뢰할 수 있는 공유 서비스의 범위와 본질을 결정하는 것을 말한다(Weill 등, 2002a).
- 비즈니스 애플리케이션 필요성(Business Application Needs)—사업단위 혹은 사업부서 등의 비즈니스 요건을 충족시키기 위해 취득되거나 자체적으로 개발되어야 하는 업무적 애플리케이션에 대한 비즈니스 요구를 명확히 하는 것이다(Earl, 1993).
- IT 투자와 우선순위 결정(IT Investment and Prioritization)—IT 투자 우선순위 결정과 결정자의 책임의 보장에 관한 문제를 다루는 것이다(Ross 등, 2002a).

여기서 IT 원칙, 비즈니스 애플리케이션 필요성, IT 투자와 우선순위 결정은 비즈니스 지향적 IT 의사결정으로 볼 수 있고, IT 아키텍처와 IT 인프라스트럭처는 기술적 IT 의사결정이라고 볼 수 있다(Weill, 2004). 또한 이 의사결정의 유형은 기업, 사업단위, 기능적 유형 혹은 이들 셋의 결합에 의해서 유도된다(Weill 등, 2005).

IT 거버넌스는 [표 2-7]과 같은 질문에 의해 유도된다(Weill 등, 2005).

[표 2-7] IT 의사결정의 유형과 관련 질문

IT 의사결정 유형	관련 질문?
IT 원칙	회사의 운영 모델은 무엇인가? 비즈니스에서의 IT의 역할은 무엇인가? 바람직한 IT 행동은 무엇인가? IT에 필요한 자금은 어떻게 공급할 것인가?
IT 아키텍처	기업의 핵심 비즈니스 프로세스는 무엇인가? 그들은 어떻게 관련이 있는가? 어떤 정보가 핵심 프로세스들을 유도하는가? 어떤 기술적 역량이 프로세스 표준화와 통합을 용이하게 만들고 IT 효율을 지원하기 위해 표준화되어야 하는가? 어떤 역량이 데이터 통합을 지원하기 위해 표준화되어야 하는가? 어떤 기술적 선택이 IT 주도권에 기업의 접근 방법을 가이드할 것인가?
IT 인프라스트럭처 전략	어떤 인프라 서비스가 기업의 전략적 목적을 달성하는 데 중요한가? 어떤 인프라 서비스가 전사 수준에서 구축되어야 하는가? 그리고 이 서비스에 대한 서비스 수준 요구사항은 무엇인가? 인프라 서비스는 어떻게 가격이 매겨져야 하는가? 근본 기술을 최신으로 유지하기 위한 계획은 무엇인가? 어떤 인프라 서비스가 아웃소싱되어야 하는가?
비즈니스 애플리케이션 니즈	새로운 비즈니스 애플리케이션을 위한 시장과 비즈니스 프로세스 기획들은 무엇인가? 전략적 실험은 어떻게 성과를 평가할 수 있는가? 비즈니스 니즈는 어떻게 아키텍처 표준안에서 검토될 수 있는가? 누가 가치를 보증하기 위해 개별 프로젝트와 조직의 변화에 대한 결과물 소유하는가?
IT 투자와 우선순위	어떤 프로세스 변화와 증대가 전략적으로 기업에 가장 중요한가? 현재 IT 포트폴리오의 분포는 무엇인가? 이 포트폴리오는 기업의 전략적 목적과 일치하는가? 전사적이거나 사업단위 투자의 상대적 중요성은 무엇인가? 실제 투자 실천은 그들의 상대적 중요성을 반영하는가? IT 프로젝트의 비즈니스 가치는 그들의 실행을 어떻게 결정하는가?

이런 IT 의사결정을 하는 데 관련이 있는 사람들의 형태를 다음과 같이 구분된다.

- 비즈니스 군주제(Business monarchy)－오직 사업 간부(CEO, CIO)들만이 결정권을 가짐(a senior business executive or a group of senor executives. CIO는 가끔 포함됨)
- IT 군주제(IT monarchy)－IT 전문가(IT executive)나 전문가 그룹이 결정권을 가짐
- 봉건제(Feudal)－단위 사업부서의 리더들 혹은 그들의 대표들이 결정권을 가지며 권한은 지역적임. 그러나 Weill & Ross(2004)에 따르면 이 타입의 형태는 부서 간의 시너지 효과의 기대로 인해 실제로 별로 사용이 되지 않는다고 했음.
- 연방제(Federal)－통제권이 C레벨(CEO, CIO, CFO 등)의 임원들과 최소한 하나의 비즈니스 그룹이 공유함
- IT 복점제(IT duopoly)－해당 권한이 IT 담당 간부들과 C레벨 임원들 혹은 사업단위의 장들과 같은 단 하나의 타 비즈니스 그룹이 공유함
- 무정부주의(Anarchy)각 프로세스 오너 또는 최종 사용자들이 결정권을 가짐. 현장의 니즈를 충족시키기 위해 임기응변식 결정들이 만들어짐

이들은 이를 통해 [그림 2-3]과 같이 높은 성과를 내는 기업의 IT 거버넌스 형태를 파악했다. Weill과 Ross(2005)에 의하면 최고의 성과를 내는 IT 거버넌스는 우연히 만들어지는 것이 아니라 주의 깊게 설계된다고 했다. 기업이나 사업단위의 IT 거버넌스의 효과성은 비용－효과성, 자산 효율성, 비즈니스 성장, 비즈니스 유연성이라는 목적

을 달성하기 위해 IT를 얼마나 잘 사용했는지에 대해 평가함으로써 측정 가능하다. 이들에 따르면 높은 IT 거버넌스 성과는 다른 바람직한 성공에 대한 측정 달성과 상호관련이 있다. 예를 들어 IT를 효과적으로 지배하는 기업들은 비슷한 전략을 추구하는 다른 기업들과의 그것보다 20% 높은 이익을 높였다(Weill 등, 2004). 비록 이것은 상위의 거버넌스 성과가 상위의 재무적 성과를 낸다고는 결론을 못 내렸지만 이 둘의 관계가 상호관련이 있다는 점은 확실하다.

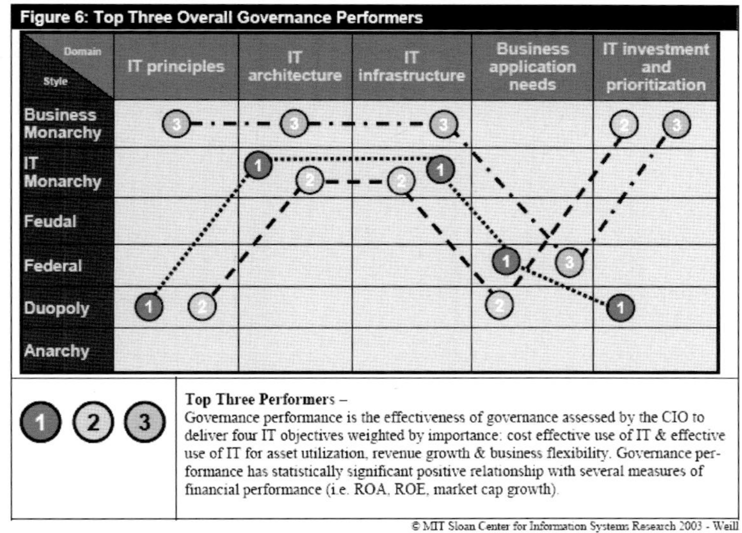

[그림 2-3] 최고의 성과를 보이는 3가지 거버넌스 패턴

Weill & Ross(2004)는 IT 거버넌스의 상황요인에 대한 기초적인 연구도 진행했다. 그들은 거버넌스 형태를 결정짓는 5가지 요인(전략과 성과 목표, 조직 구조, 거버넌스 경험, 규모와 다양성, 산업과 지역적 차이)을 제시했지만 구체적인 관계를 실증하지는 못했다.

제1절 기업 거버넌스와
IT 거버넌스와의 관계

IT 거버넌스의 목표는 투명해야 한다는 점이다. 이것은 계획 / 실행 / 확인에 기반을 둔 적절하고 명료한 측정 방법을 통해 가능하다.

기업의 중요 핵심 업무들이 IT를 기반으로 이루어지기 때문에 기업의 회계나 재무 등의 기업 투명성 관련된 업무들과 밀접한 관계를 가지게 된다.

Monks와 Minow(2001)에 따르면 기업 거버넌스는 기업의 방향과 성과를 결정하기 위한 다양한 참여자들 사이의 관계이며 크게 주주, 이사회, 경영진이 주요 참가자가 되면 이들은 각각 소유권, 감독, 성과와 관련이 있다고 했다. 이들에 따르면 소유권은 특정 자산에 관한 권한과 책임의 조합이며, 기업 거버넌스의 핵심은 이사회의 CEO에 대한 감시기능 활성화와 CEO의 성과를 높이기 위한 보상이라고 보았다(Bloem 등, 2006; Monks 등, 2001). 이사회는 CEO를 감시하여 의사결정 질을 향상시켜야 하는 것이다. 또한 주주가 경영진의 성과를 높이기 위해 금전적인 보상, 스톡 옵션 등의 방법을 제시하고 있다.

한편, 샤베인-옥슬리 법안의 등장으로 기업 거버넌스에서 이사회의 위원회의 활동을 강화시키고 있다. [그림 3-1]은 미국 증권위원회가 제안한 기업 거버넌스의 예이다(Roussey, 2003). 즉 경영을 하는 이사가 아닌 독립적인 이사의 직속으로 위원회를 구성해서 기업의 투명성을 강화해야 하는 것이다.

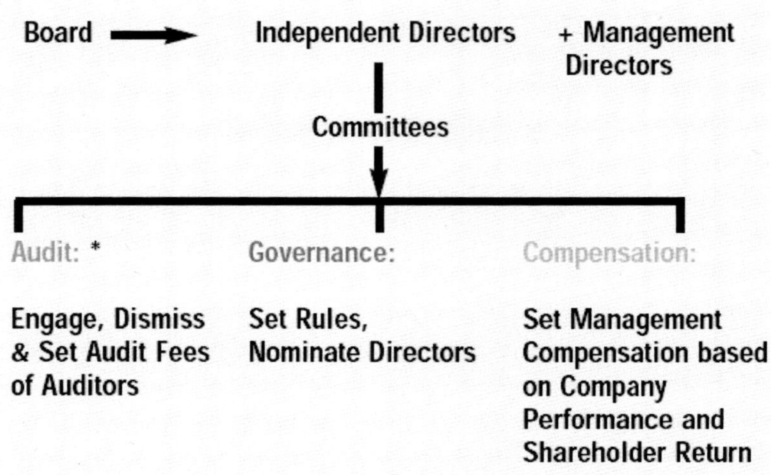

[그림 3-1] NYSE가 제안한 기업 거버넌스

1. IT 거버넌스 협회의 연구

　기업 거버넌스는 IT 거버넌스의 방향을 이끌고 규정한다. 그리고 IT는 기업의 전략적 활동에 영향을 주며 전략계획을 수립할 때도 중요한 요소로 작용한다(Grembergen, 2005). 이와 같은 식으로 기업은 정보를 최대한 활용하며, 그렇기 때문에 기업 거버넌스의 원동력으로 보이기도 한다. 이 관계를 보다 깊이 살펴보면 IT 분야의 정보가 있어야 비즈니스 목표를 달성할 수 있으며, 정보 활용의 극대화를 위해서는 IT와 비즈니스 활동이 긴밀하게 연계되어야 한다(ITGI, 2000). 그러므로 IT 거버넌스와 기업 거버넌스는 서로 독립된 별개로 보아서는 안 되며 많은 전문가와 단체가 지적한 바와 같이 IT 거버넌스는 전체 기업 거버넌스에 통합되어야 한다(Grembergen, 2005). 기업 거버넌스는 조직의 방향을 정하고 통제하는 시스템이다. 기업의 IT 의존성 확대는 IT를 생각하지 않고는 기업 거버넌스 문제를 해결할 수 없게 만들었다.

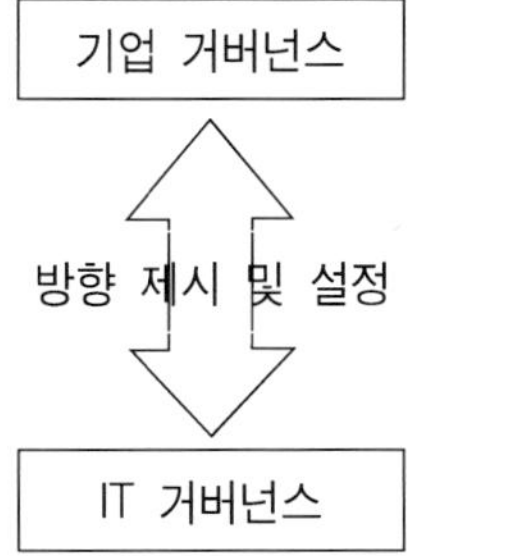

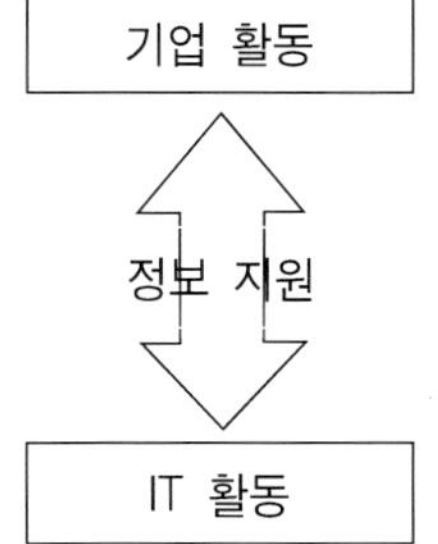

출처: Grembergen(2005)에서 재인용

[그림 3-2] 기업 거버넌스와 IT 거버넌스

　[그림 3-2]의 첫 번째 부분에 나타나 있는 바와 같이, 기업 거버넌스는 IT 거버넌스의 방향을 이끌고 규정한다. 그리고 IT는 기업의 전략적 활동에 영향을 주며 전략 계획을 수립할 때도 중요한 요소로 작용한다. 이와 같은 식으로 IT 거버넌스는 기업이 정보를 최대한 활용하게 하며, 그렇기 때문에 기업 거버넌스의 원동력으로 보이기도 한다. 이 관계를 보다 깊이 살펴보면([그림 3-2]의 두 번째 부분), IT 분야의 정보가 있어야 비즈니스 목표를 달성할 수 있으며, 정보 활용의 극대화를 위해서는 IT와 비즈니스 활동이 긴밀하게 연계되어야 한다(ITGI, 2000). 그러므로 IT 거버넌스와 기업 거버넌스는 서로 독립된 별개로 보아서는 안 되며, 많은 전문가와 단체가 지적한 바와 같이 IT 거버넌스는 전체 기업 거버넌스에 통합되어야 한다(Grembergen, 2005; ITGI, 2001).

　ITGI((2001)에 따르면 IT 거버넌스는 이사회와 경영진의 책임이다. 이것은 단순한 규율이나 활동이 아니라 기업 거버넌스에 통합되어야 하는 것이다. IT 거버넌스는 기업의 IT가 기업의 전략과 목적을 유지하고 확장한다는 점을 확실하게 해주는 리더십, 조직 구조, 프로세스로 구성되어 있다. IT 거버넌스 책임은 기업 거버넌스의 광대한 프레임워크의 일부분을 형성하고 이사회의 전략적 의제와 같이 다루어져야 한다. 독립적인 IT 시스템의 예를 들어 간단하게 말하면, 거버넌스는 효과적이고 명료해야 하고 책임이 있어야 한다.

　IT 거버넌스는 보통 별개의 계층에서 발생한다. 즉 팀 리더는 보고를 하고 그들의 매니저로부터 지시를 받고, 매니저는 중역에게 보고를 하며, 중역은 이사회에게 보고를 한다.

　ITGI(2001)에 따르면 [그림 3-3]와 같이 IT 거버넌스 관점에서 목표와 IT 활동들의 순환관계가 발생하면 이것은 기업 내에서 다른 계층 사이에서 적용이 될 수 있다.

거버넌스 프로세스는 초기 방향을 제시하는 기업의 IT에 대한 목표를 정하는 것부터 시작한다. 그럼 다음에 성과를 측정하고, 목표와 비교하고, 결과적으로 필요한 활동에 대한 방향을 수정하고 타당한 목표를 변경하는 방식으로 하는 끊임없는 순환이 된다. 목표는 일차적으로 이사회의 책임이고 성과 측정은 경영층의 책임인 데 반해, 목표가 달성될 수 있고 수치가 올바르게 목표를 대변할 수 있도록 서로 협력하여 개발되어야 함이 당연하다.

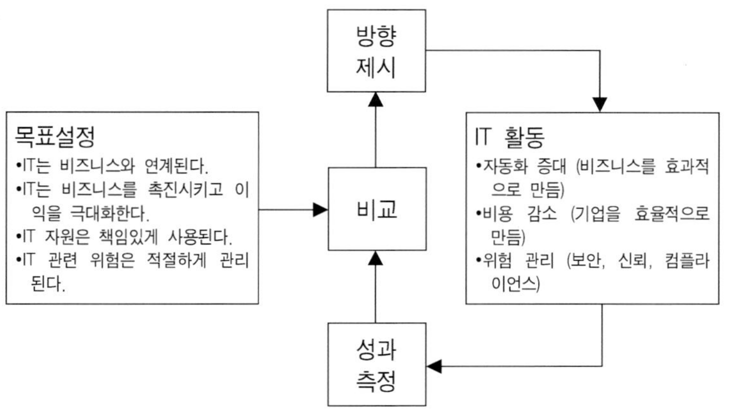

[그림 3-3] 거버넌스 프레임워크(ITGI, 2001)

IT 거버넌스는 비즈니스에 IT 가치는 전달하고 IT 위험을 완화하는 것과 관련이 있다(ITGI, 2001). 첫 번째 사항은 IT와 비즈니스를 전략적으로 연계하여 추진하고, 두 번째 사항은 기업에 책임성을 부여하여 추진하다. 비즈니스에 IT 가치 전달은 비즈니스와 IT의 전략적 연계를 통해 해결을 하고, IT 위험의 감소는 기업에게 강제 책임(embedding accountability)을 지우면 된다.

이를 위해 IT 거버넌스는 [그림 3-4]과 같이 5가지 분야와 관련이 있는데, 이 모두는 주주 가치에 위한 것이다. 이 중에서 전략적 연계, 자원 관리, 성과 측정은 IT 가치 전달과 위험 관리를 위한 주요 수단이다.

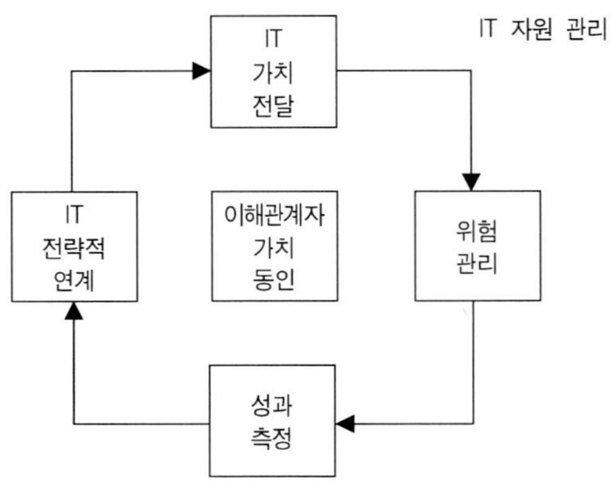

[그림 3-4] IT 거버넌스의 주요 영역(ITGI, 2001)

현재 IT 거버넌스의 두 가지 중요한 요소인 가치 전달(궁극적인 목적)과 전략적 연계(수단)와의 관계를 살펴보면 다음과 같다. ITGI(2001)는 위험 관리와 성과 관리라는 두 가지 요소를 도입하여 이 모두를 다음과 같이 하나로 연계시켰다. 근본적으로 IT 거버넌스는 IT를 통한 비즈니스 가치 전달과 IT 위험 완화라는 두 가지에 대한 것이다. 첫 번째는 IT와 비즈니스를 전략적으로 연계시킴으로써 달성된다. 두 번째는 책임감을 가질 때 가능하다. 또한 둘 다 균형성과표(BSC)에 의한 평가를 필요로 한다. 이것은 이해관계자 가치를 모두 이끄는 IT 거버넌스의 4개의 중요한 핵심 영역을 다르게 된다. 이 가운데 둘은 가치 전달과 위험 완화라는 결과에 해당되며, 다른 둘은 전략적 연계와 성과 평가라는 동인(Driver)에 해당된다.

위험 관리와 성과 평가가 이 관계에 포함되어 있는데, 이들은 IT 거버넌스의 개념정의에 직접적으로 언급되어 있지는 않지만 IT 거버넌스에서 중요한 역할을 한다.

BSC 같은 성과 평가 시스템은 전략적 연계의 달성을 위한 하나의 메커니즘이라 할 수 있다. 위험 관리는 재해에 대비하고 자산을 보호하기 위한 것이다. 위험 관리를 통해 IT 보안 시스템을 구축하여, 자산을 보호하고 재해 발생 시에 신속하게 복구할 수 있다. 또한 이용자의 개인 정보를 보호하고 시스템의 복원력을 증진한다. 위험 관리를 통해 IT 보안 시스템을 구축하여, 자산을 보호하고 재해 발생 시에 신속하게 복구할 수 있다. 또한 이용자의 개인 정보를 보호하고 시스템 복원력을 증진하다. 위험 관리는 파트너 사이의 신뢰와 기업 서비스에 대한 믿음의 확보가 중요하다는 점을 바탕으로 한다. 위험 관리는 내적 위협과 외적 위협을 모두 다룬다. 내적 위협은 남용과 오류 등이 있고, 외적 위협은 치밀한 공격과 시장 변동성, 변화의 속도 등이 있다. 효과적인 위험 관리는 위험에 대한 인식과 예상 위험 요소의 명확한 이해에서 시작한다. 위험 유형과 비즈니스에 미치는 영향에 따라, 위험 관리 방법이 다양하다. 가치 창출은 비즈니스 가치 전달에 중점을 두지만, 위험 관리는 비즈니스 가치의 보존에 중점을 둔다.

2. MIT CISR의 연구

Weill & Ross(2004)의 연구에 따르면 효과적인 IT 거버넌스를 가진 기업은 명확하게 유기적으로 연결되어 있고 [그림 3-5]와 같이 거버넌스 디자인 프레임워크에서 6가지 요소와 조화를 이루고 있다고 했다.

일반적으로 기업 전략과 조직은 거버넌스를 자극하는 바람직한 행동으로 정의된다.

기업은 전략을 가능하게 하고 영향을 주기 위해 IT를 포함해서 여섯 개의 주요 자산 각각에 대해 IT 거버넌스 배열을 설계한다. 거버넌스 정렬은 개별적이고 포괄적으로 각 자산을 가이딩하는 주요 의사결정에 대해 의사결정 권한을 할당한다.

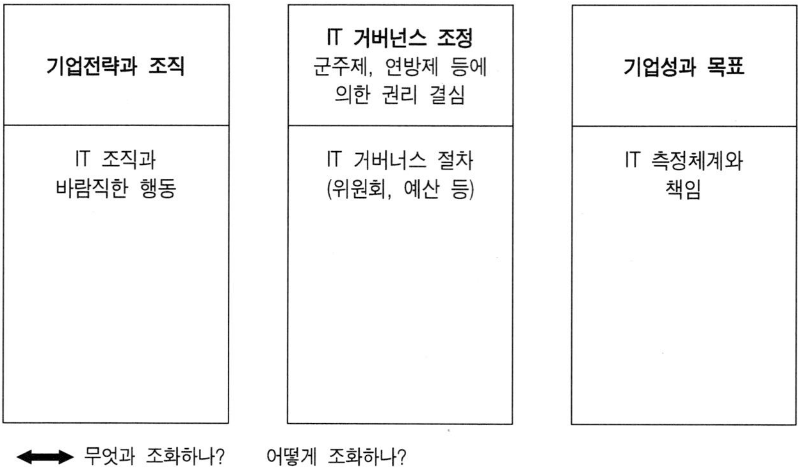

기업전략과 조직	IT 거버넌스 조정 군주제, 연방제 등에 의한 권리 결심	기업성과 목표
IT 조직과 바람직한 행동	IT 거버너스 절차 (위원회, 예산 등)	IT 측정체계와 책임

◀▶ 무엇과 조화하나?   어떻게 조화하나?

[그림 3-5] MIT CISR의 IT 거버넌스 프레임워크

[그림 3-5]와 같이 기업은 IT 조직과 바람직한 행동을 그들의 기업 전략과 조직과 조화를 이룬다. 기업은 그들의 IT 조직구조와 그들의 IT 거버넌스 메커니즘(의사결정 구조, 프로세스 연계, 의사결정 도

구)과 조화를 이룬다. 조화를 이룬다는 것은 메커니즘, IT 유닛 구조, 바람직한 행동이 기업 전략에 대해 전달하는 거버넌스로 귀착된다는 점을 보증한다. 마지막으로 IT 측정과 책임은 IT가 기업의 성과 목표에 얼마나 기여를 하고 IT 효과성을 평가하기 위한 수단을 제공한다.

Weill과 Ross(2004)는 이들의 관계를 [그림 3−6]과 같이 제시했다. 이 사회에 소속되어 있는 시니어 중역 팀(Senior executive team)은 이사회의 위임사항을 실행시키기 위한 전략들과 바람직한 행위들 명확히 표명한다. 여기서 말하는 바람직한 행동은 전략뿐만 아니라 기업 가치, 미션, 비즈니스 원칙, 관습, 구조로 정의되는 조직의 신념이나 문화를 의미한다.

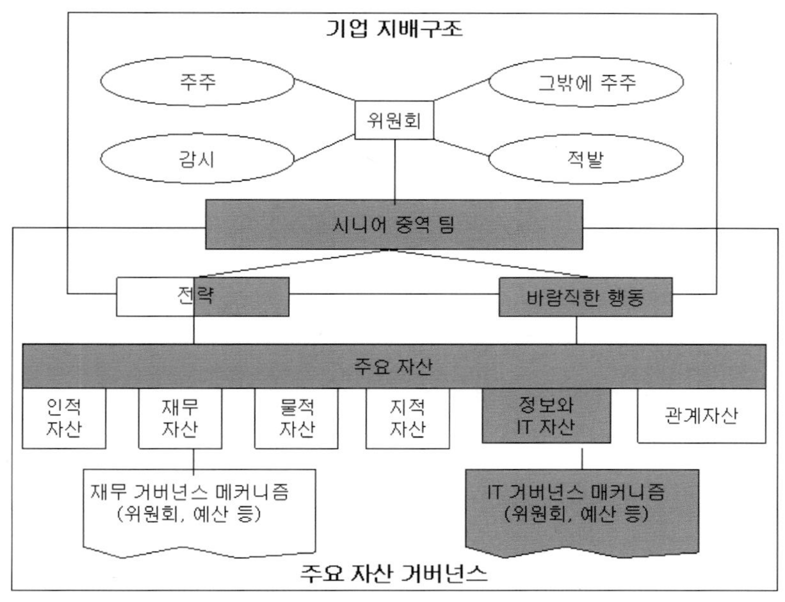

[그림 3−6] 기업 거버넌스와 IT 거버넌스와의 관계

　　이들의 주장은 IT 거버넌스 협회가 제시하는 것과 일맥상통한다. 이들은 IT 거버넌스를 이사회와 경영진의 책임으로 보고, IT 거버넌스를 기업 거버넌스의 통합적 부분이며 조직의 전략과 목표 달성을 뒷받침하는 조직 구조, 프로세스, 리더십으로 구성된다고 본다(ITGI, 2001).

　　IT의 중요성이 커지고 그로 인한 위험이 확산됨에 따라 이사회는 IT 이슈들을 신속하게 다루고 전문적 지식을 가지고 취급해야 한다. 이사회는 재무위험을 감시하는 것과 마찬가지로 정보기술 자산의 위험에 관해서도 감시해야 한다(Broadbent 등, 2004). 이사회는 최고 의사결정 기구로서 기업 지배에 대한 책임을 진다. 그들은 전략적 방향을 규정하고 감시하며, CEO가 유능한지, 필요한 거버넌스와 책임은 적정한지를 통제한다. CEO가 이끄는 경영진은 성과를 위해 제시된 전략을 구체화하고 이를 시행하며 바람직한 행동을 촉진시키고 주요 자산들을 관리할 책임을 진다.

3. Bloem 등(2006)의 연구

Bloem 등(2006)은 IT 거버넌스에 대한 필수 요소를 [그림 3-7]과 같이 나타냈다.

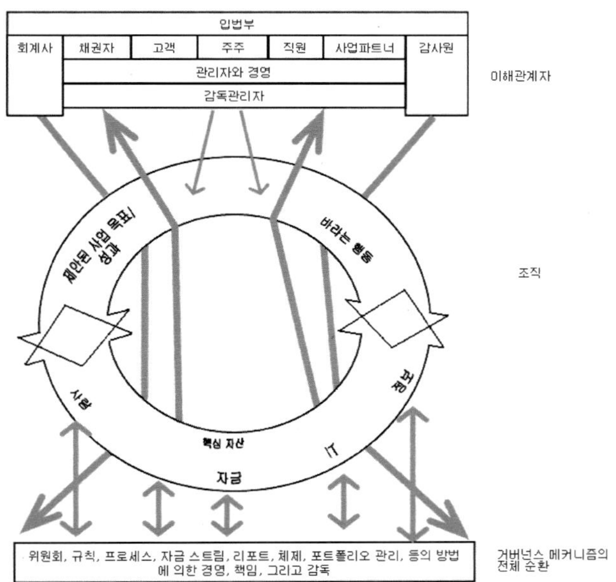

[그림 3-7] Bloem 등(2006)의 IT 거버넌스 프레임워크

그들에 따르면 IT 거버넌스의 필수 요소는 다음과 요소를 포함한다고 했다.

- 법률과 규제: Clinger-Cohen Act, Sarbanes-Oxley Act, GAAP, International Accounting Standards
- 프레임워크와 도구: COBIT, CMM, Information Services Procu-

rement Library, Information Technology Infrastructure Library, Total Quality Management, Balanced Scorecards
- 메트릭과 방법론: ABC, EVA, IRR, NPV, portfolio management, Applied information economics
- 리더십: 전통적인 관리 대신에 분산된 리더십

[그림 3-7]에 따르면, 종업원들의 중심 역할뿐만 아니라 높은 투자와 위험을 고려한다면, IT 거버넌스는 기업 거버넌스의 중요한 구성요소이다(Bloem 등, 2006).

거버넌스 메커니즘(그림 3-7의 하단부분)은 모든 구성원이 만족을 해야 한다는 것을 확실하게 해야 한다. 중앙에 규정된 비즈니스 목표와 관련된 성과를 명시하고, 이 목표를 만들고 성과를 실현하기 위한 행동들이 수반되어야 한다. 정보와 IT는 관련된 비즈니스 성과와 자금에 대한 중요성 때문에 주요 자산이다. Full-Cycle IT 거버넌스는 비즈니스 프로세스와 다른 주요 자산과 관련된 정보기술의 거버넌스뿐만 아니라 조직 내에서 바람직한 행동과 조직 구조에 대한 거버넌스이다.

IT 거버넌스는 정보와 정보기술과 관련된 고유의 종업원 행위를 실현시키고 보호하는 업무를 가지고 있다. 이것은 교정과 감독과 관련된 특정 질문을 초래한다. 가령 현재의 상황을 얼마나 변화시켜야 하는가? 변화를 실현하는 가장 좋은 방법은 무엇인가? 얼마나 많은 감독이 필요한가? 가장 자연스러운 방법과 동기부여된 방법을 통해 조직에서 모든 사람이 바람직한 행동을 나타낼 수 있도록 언제 관리가 개입되어야 하는가? 계획의 구축과 실현과 관련된 모든 요소와 리더십이 어떻게 관련이 있는가?

4. Webb 등(2006)의 연구

Webb 등(2006)은 IT 거버넌스를 기업 거버넌스와 전략 정보시스템에서 비롯되었다고 보았다. 그에 의하면 기업 거버넌스는 전략적 지시, 정책과 절차, 통제와 책임, 성과 관리, 리스크 관리를 포함해야 하고 전략 정보시스템은 전략적 연계, IT를 통한 경쟁우위 창출, IS 자원의 효과적이고 효율적인 관리를 지시, 기술 정책과 아키텍처를 개발하는 것이 포함되어야 한다고 보았다(Earl, 1993; Webb 등, 2006).

Webb 등(2006)에 따르면 IT 거버넌스는 기업 거버넌스와 전략 정보시스템에서 태동되었다고 밝히면서 이것들의 관계를 [표 3-1]과 같이 비교를 했다.

[표 3-1] 기업 거버넌스와 IT 거버넌스와의 관계

기업 거버넌스	전략 정보시스템 계획	IT 거버넌스
전략적 지시	비즈니스 목표와 IS 투자를 연계	전략적 연계
	경쟁 우위를 위한 IT 탐색	IT를 통한 비즈니스 가치 전달: 기회 탐색과 이익 극대화
성과 관리	IS 자원의 효과적이고 효율적인 관리를 지시	성과 관리: IT 자원은 책임 있게 사용되어야 함
리스크 관리		리스크 관리: 적절하게 관리되어야 하는 위험과 관련된 IT
정책과 절차	기술 정책과 아키텍처의 개발	
통제와 책임		

제2절   대리인 이론과 전략적 선택이론

이사회의 IT 의사결정에 참여의 정당성을 지지해 주는 이론을 대리인 이론과 전략적 선택이론의 관점에서 찾아볼 수 있다. 즉 대리인 이론(Jensen 등, 1976)은 경영진의 무능력, 태만, 부정 행위로 인한 주주의 손실을 방지하기 위한 위험 관리의 관점에서 찾아볼 수 있고, 전략적 선택이론(Andrews, 1986)은 이사회가 전략적인 의사결정에 참여함으로써 주주의 이익을 강화시키려는 비즈니스-IT 연계의 관점에서 살펴볼 수 있다.

1. 대리인 이론

다양한 경제활동의 대부분은 쌍방 간의 계약을 통해서 이루어진다. 시장경제 질서의 근간을 이루고 있는 것이 바로 이와 같은 자유계약의 원칙이다. 그런데 대부분의 계약은 어느 한쪽이 다른 쪽에 책임과 권한의 일부를 위임하는 내용을 포함하고 있다. 대리인의 감추어진 행동이나 감추어진 정보는 계약의 이행 및 결과에 영향을 미치는데 이때 발생하는 문제를 보통 주인-대리인 문제라고 부른다. 이것은 계약을 체결한 이후에 발생한다는 의미에서 사후적 비대칭의 성격을 갖는다(이영환, 1999). 주인의 입장에서 권한을 위임받은 대리인이 자신을 위해 최선의 노력을 다해 주기를 바란다. 그러나 대리인은 주인이 자신의 행동을 완벽하게 감시하거나 자신이 보유한

사적 정보를 정확하게 알 수 없다는 이유로 인해 주인보다는 자신의 이익을 우선하는 경향이 있다. 따라서 주인으로서는 대리인이 스스로 주인을 위해 최선을 다할 것을 기대하기 어렵다는 사실을 인식하고 있다. 그렇기 때문에 주인의 입장에서는 대리인에게 적절한 보상계획을 제시함으로써 자신을 위해 최선의 노력을 다하도록 유인을 제공해야 한다.

[표 3-2] 아사회의 구조와 역할에 대한 선행연구

차원	대리인 이론 관점	대표연구
이사회의 역할	이사회의 주요한 역할은 CEO를 감시하여 주주의 이해를 보호하는 것	Fama(1980), Baysinger와 Butler(1985) Kosnik(1987)
이사회 역할의 조작적 정의	-주주 부의 극대화 -대리인 비용을 줄임 -CEO 보상과 선임 -기업성과와 CEO 평가 -전략적 의사결정과 통제	

출처: Zahra와 Pearce(1989)에서 인용 및 수정

기업 거버넌스에 대한 접근 방법으로는 대리인 문제에 의한 접근법이 일반적이다. 그것은 기본적으로 기업의 소유자인 주주가 직접 경영활동을 하는 것이 아니라 대리인인 경영자에 의해서 이루어지기 때문이다. 즉 주주는 기업에 자금을 제공하고 최종적인 수익에 대한 청구권을 가지며, 실제 기업경영은 대리인인 경영자에 의존하게 된다. 이러한 주인과 대리인의 관계는 필연적으로 상호 이해의 갈등과 그에 따른 견제, 감시, 통제에 관한 문제를 야기시킨다. 이러한 대리인 문제의 접근은 기업의 다양한 이해관계자 간의 관계를 주인과 대리인의 관점에서 파악하고 이들 사이의 이해조정, 감시, 견제 또는

통제기능이 어떻게 이루어지는가를 파악할 수 있게 해 준다. 자본주의가 발달된 미국에서 Jensen과 Meckling(1976)의 대리인 이론을 바탕으로 재무관리, 회계학, 경제학 분야에서 활발하게 연구가 진행되었다. 기업 거버넌스의 핵심은 바로 이사회의 CEO의 감시와 보상에 대한 문제로 볼 수 있다(Monks 등, 2001).

대리인 이론의 측면에서 보면, 이사회는 주주의 이익을 위한 감시기구로 사용될 수 있다(Fama 등, 1983). 대리인 이론에 따르면 이사회의 중요한 역할은 주인(소유자) 이익을 보호하고 자신의 효율성을 보장하기 위해 대리인(CEO와 경영진)의 행동을 감시하고 평가하여 이들의 보상을 회사의 성과와 연계하며, 주주의 이익을 극대화하는 방향으로 이들을 선임 또는 해임하는 것이다(Karake, 1995; Kesner 등, 1990). 즉 기업의 경영진들이 무능력이나 태만으로 인해 잘못된 IT 의사결정을 하는 것을 방지하고 향후 발생 가능성이 높은 IT 위험을 체계적으로 관리하기 위해 기업의 경영진을 통제할 필요가 발생한다. 본 연구에서는 이사회의 IT 의사결정에 대한 참여가 위험관리에 미치는 영향을 대리인 이론의 관점에서 살펴보고자 한다.

2. 전략적 선택 이론

전략적 선택이론은 조직구조는 재량을 지닌 관리자들의 전략적 선택에 의해 결정되는 이론이다(Andrews, 1986). 즉 조직에는 목적이 있는 행동(purposeful actions)이 많이 있어야 되고, 조직 구성원들은 그들 자신의 운명을 개척하는 데 주관적인 자유가 있어야 한다(Judge

Jr 등, 1992). 이 관점은 조직 프로세스를 설명하는 데 조직 내의 개인이나 집단에 중점을 둔다. Miles와 Snow(1978)는 전략적 선택 관점의 3가지 특성을 밝혀냈다. 이들에 따르면 전략적 선택 관점은 (1) 관리적 혹은 전략적 선택을 조직과 환경 사이의 주요한 링크로 보며 (2) 조직의 환경을 생성하고 학습하며 관리하는 경영 능력에 중점을 두고 (3) 조직이 조직적 상황에 대응하기 위한 다양한 방법을 포함한다.

구조적 상황이론을 비판하는 전략적 선택이론은 구조적 상황이론에서 조직구조의 결정 요인으로 간주하고 있는 환경·기술·규모 등은 지배집단(dominant coalition)의 전략적 선택을 제약하는 제약요인에 불과하며, 조직구조를 결정하는 절대적인 요인은 지배집단들의 이해관계와 권력이라고 간주한다. 권력을 지닌 지배집단이 그들의 권력을 유지·강화하기 위하여 전략적으로 특정의 조직구조를 선택할 수 있으며, 최종적으로 선택된 조직구조 대안은 반드시 조직효과성을 극대화시키는 것이 아닐 수 있다는 점을 지적한다.

이사회의 수탁책임(fiducial responsibility)은 최고경영자가 주주의 부를 극대화시키는 것을 보장하는 것이다(Fama 등, 1983). 일반적으로 이사회의 전략적 의사결정에 관여는 양(+)의 성과로 이어진다(Judge Jr 등, 1992; Pearce II 등, 1991).

이사회의 전략적 역할에 관한 가장 많이 논쟁이 되는 이슈는 조직의 재무적 성과에 대한 이사회의 참여와 그 영향에 대한 것이다(Zahra 등, 1989). 전략적 선택의 관점(Strategic choice perspective)에서 전략적 의사결정자들은 그들의 회사의 재무 성과의 최적화를 추구한다(Hambrick 등, 1984). 이 관점의 기본적인 가정은 조직의 전략과 프로세스들은 재무적 성과에 영향을 미친다는 점이다(Miles 등,

1978). 모든 조건이 동일하다면, 좀더 관리가 잘된 조직이 더 높은 재무 성과를 달성한다고 가정한다.

제3절   이사회의 IT 의사결정 참여에 대한 연구

Barki와 Hartwick(1989)은 심리학, 마케팅, 조직 행동론에서의 관여의 개념을 비교한 후에 사용자 참여는 시스템 개발 프로세스에서 사용자에 의해 수행된 행동 혹은 활동들의 집합이고, 사용자 관여는 사용자가 느끼는 시스템의 중요성과 개인적 관련성을 반영하는 주관적인 심리 상태로 구분했다. 그들에 따르면 다양한 실증 연구들이 관여가 사용자 태도, 시스템 품질, 시스템 사용 등의 시스템 성공의 다양한 지표들과 관련이 되었는지에 대한 연구가 이루어져왔다. 본 연구에서는 이사회의 IT 의사결정에 대한 실제 활동을 대상으로 하고 있기 때문에 관여보다는 참여라는 용어를 사용한다.

1. IT 거버넌스에 이사회 참여의 중요성

IT 투자 효과가 기대에 미치지 못하기 때문에 IT 거버넌스에 대한 관심이 증가하고 있다. 즉 이사회는 경영진이 업무활동을 무리 없이 수행해 나가고, 동시에 예산에 따른 품질 좋은 IT 솔루션을 내놓으며, IT를 활용하여 비즈니스 가치를 되살리고, IT 위험을 관리하면서 IT를 이용하여 효율성과 생산성을 증가시킬 것을 기대한다. 그러나 이사회는 약속한 효과를 제공하겠다는 IT 최우선 추진과제들이 비즈니스 손실, 이미지 손상 또는 경쟁력 약화, 최종 기한 위반, 예상외로 높은 비용과 예상외로 낮은 품질 그리고 실패를 일으키는 경우가 많다(Davenport, 1998; Girard, 2002; Grembergen, 2005). 그렇기 때문에 IT 거버넌스 측면에서 이사회는 임무의 범위를 확대해서 전략 방향을 정의하고 목적에 부응하며 위험을 관리하고 자원을 책임 있게 사용해야 하는 것이다(Grembergen, 2005; Nolan 등, 2005). IT가 보편적으로 사용됨에 따라 기업의 핵심업무는 IT에 의존할 수밖에 없어서 이사회는 IT 거버넌스에 적극적인 관심을 가질 수 밖에 없다(Grembergen, 2005). 즉 IT 거버넌스가 기업 거버넌스의 통합적 일부가 됨에 따라, IT 거버넌스도 이사회의 책임 사항이 되었다. 이사회의 구성은 조직에 따라 다양하지만, 일반적으로는 사내 이사와 독립 이사로 구성된다. 또한 이사회의 역할과 구성, 운영 방법은 나라별로 큰 차이가 있다. 이러한 차이점 때문에 기대 수준과 강조 부분도 자연스럽게 차이를 보인다. 하지만 이사회의 기본적인 역할과 책임은 바뀌지 않으며, 비즈니스 목표의 달성과 기술 경영 사이의 밀접한 관계에 주목할 필요가 있다. 또한 시장 분석가들에 따르면 투자자들은 지배 구조가 우수한 회사에 기꺼이 투자하는 경향이 있다고 지적한다. 일반적으로 재무성과가 우수한 기업은 IT 거버넌스가 우수하다(Weill 등, 2004). 기업 거버넌스에서 앞으로 가장 중요해질 문제는 IT를 이사회 수준에서 관리해야 한다는 점이다(Alter, 2004).

결국 IT 거버넌스는 기업의 투명성에 매우 중요한 역할을 한다는 점을 감안할 때, IT 거버넌스는 경영진에 의해서가 아니라 이사회가 중심에 있어야 하는 것이다. 이를 위해서는 이사회의 CEO 감시 기능의 활성화와 CEO의 바람직한 행동을 유도할 수 있는 보상기능의 제공이 매우 중요해진다고 볼 수 있다. 그동안 이사회가 IT 거버넌스에 대해 소홀했던 이유는 IT에 대한 무지와 무관심이었다 (Posthumusa 등, 2005). 이사회는 IT에 대해 지식이 부족했고 IT를 단지 전술적인 도구라고 생각해 왔기 때문이다. 한편으로 IT 투자 수익에 대한 계량적인 측정 방법론이 부족한 것도 하나의 원인이 되었다.

미국 IT 거버넌스 협회(ITGI)에 따르면 IT 거버넌스는 기업 거버넌스의 기본적인 요소가 되어야 하고 IT 관련 위험과 IT ROI가 조직의 비즈니스 요구에 충분하다는 것을 보장하기 위해 이사회 수준의 관심이 필요하다고 했다(Posthumusa 등, 2005). Exler(2003)는 기업 거버넌스에 대한 관심의 증가는 직간접적으로 IT에 영향을 주며 결국 IT 거버넌스에 관심으로 바뀔 것이라고 보았다. 그러므로 그는 IT 중역들은 각자의 기업에 영향을 주는 거버넌스와 특정 이슈에 대한 이해가 필요하며 IT가 실제로 전달하는 가치가 무엇인지에 대한 이해도 필요하다고 했다. 결국 이사회는 기업 거버넌스에 대한 책임을 이해하며 나아가서는 IT 거버넌스에 대한 이해도 필요하다고 주장했다.

Bjelland와 Wood(2005)는 15개의 유럽 및 북미 기업을 대상으로 신기술 혁명에 대응해야 하는 이사회의 전략에 대한 연구를 했다. 그들에 의하면 이사회는 표준 정보기술을 도입하는지, 아니면 혁신적인 기술을 도입하는지에 따라 이사회의 대응이 달라야 한다고 주장했다. 즉 전자의 경우에는 이사들이 표준 정보기술에 대한 교육을 통해 아마추어 정도의 이해(layman's understanding) 수준에 도달하면

되고 후자의 경우에는 기술에 정통한 멤버의 영입이나 기업 내부의 기술자를 교육시키는 방법이 필요하다고 했다.

[표 3-3] 이사회의 참여와 주요 연구자

주요 연구자와 법규	주요 내용
Davenport(1998), Girard(2002), Grembergen(2005), Nolan 등(2005), Alter(2004), Posthumusa 등(2005), Exler(2003), Weill 등(2004), ITGI(2002)	이사회의 IT 거버넌스 참여 주장한 논문
Sabanes-Oxley 법(2002) Clinger-Cohen Act,[5) GAAP, International Accounting Standards	이사회의 IT 책임을 강조한 법규

2. IT 거버넌스에서의 이사회의 책임

과거 수십 년 동안 주주에 대한 이사회의 책임을 이행하기 위해 이사회가 더욱 조심성(vigilant)이 있어야 한다고 주주, 증권위원회, 공공의 압력이 있어왔다(Buchholtz 등, 2005). 이런 압력은 대규모의 기업 스캔들이 한꺼번에 발생을 하자 더욱 주목을 받기 시작했다. 이런 거센 항의는 기업 거버넌스 측면에서 기업의 윤리적이고 운영 상의 착오의 확률을 경감시키기 위한 "enron-proof board"라는 용어가 생기는 유인이 되었다(Buchholtz 등, 2005; Tate, 2002). 이사회의 수탁책임(fiducial responsibility)은 최고경영자가 주주의 부를 극대화 시키는 것을 보장하기 위한 것이다(Fama 등, 1983). 이사회는 주주의 이익을 보호하기 위해 발생 가능한 문제에 신속하게 대응하고 필

---

5) 급속히 증가하는 정보화 예산의 체계적 관리를 위해 미국의 정보기술관
   리혁신법

요한 행동을 취해야 한다. 이것은 충고와 자문을 제공하는 통제의 역할을 이행할 뿐만 아니라 전략적 의사결정에 적극적으로 참여를 해야 한다는 것이다(Buchholtz 등, 2005; Judge Jr 등, 1992).

Nolan & McFarlan(2005)은 이사회의 업무는 매일 매일의 비즈니스 프로세스를 지원하기 위해 기존 IT 투자의 완벽성, 품질, 보안, 신뢰성, 유지관리를 확인해야 한다고 했다. 그러나 정보기술이 비즈니스 성공에 결정적인 요소가 되면서 이사회가 이에 제대로 발맞추지 못하고 있다. IT는 철저하고 심도 있는 이사회의 관리를 요구하지만, 이사회는 IT를 운영업무에 관련된 것으로 보고 실무 관리자가 알아서 할 사항으로 무시하고 있고 거기에다 이들이 기술문제에 흥미나 전문지식이 없기 때문에 이러한 감독이 제대로 이루어지지 않고 있다(Alter, 2004).

더욱이 이사들은 IT 위험을 이해하고 처리하는 데 두려움을 느끼고 있다(Yates 등, 2004). 컨설팅 회사가 이사진에 대한 설문조사에 따르면 응답자의 36%가 그들의 비즈니스가 직면한 주요 위험을 이해하지 못하며, 19%는 위험 관리에 대한 프로세스가 없다고 답변했다고 한다(Yates 등, 2004).[6]

일반적으로 이사회 구성원은 IT 위험과 비용뿐만 아니라 경쟁적인 위험에 대한 전문적인 질문에 필요한 기본적인 지식이 부족한 경우가 많다(Nolan 등, 2005).

이사회는 비즈니스 전략과 전략적인 위험에 대해서 항상 세밀하게 조사하지만, IT는 대규모 투자와 엄청난 위험이 뒤따른다는 사실에도 불구하고 간과해버리는 경향이 있다. 그 이유는 다음과 같다(Grembergen, 2005; ITGI, 2001).

- IT가 어떻게 기업 활동을 가능하게 하고 위험과 기회를 창출하

---

6) 재인용

는 방법을 이해하는 데 기술적 통찰력이 요구되기 때문
- IT를 비즈니스와 독립된 하나의 실체로 취급하는 전통 때문
- IT의 복잡성 때문임. 특히 네트워크화된 비즈니스 환경에서 활동하는 확장기업에서 더욱더 그러함

조직의 전반적인 전략적 임무와 이러한 임무를 수행할 수 있도록 해 주는 기본적인 IT전략을 분리하기가 점점 더 어려워졌기 때문에 이제 IT 거버넌스의 이견을 없애는 일은 대단히 중요한 일이 되었다.

제4절 IT 거버넌스 영역에 대한 연구

IT 거버넌스 영역은 학자마다 조금 다르게 분류를 하고 있지만, 본 연구에서는 이사회의 전략적 IT 의사결정의 참여는 대리인 이론과 전략적 선택이론의 관점에서 비즈니스-IT 연계와 위험관리에 한정하고자 한다.

1. 비즈니스와 IT 연계

일반적으로 기업이 추구하는 전략 유형에 따라 이를 지원하는 정보시스템의 특성이 달라져야 한다. 기업의 전략적 방향을 파악하고

있는 정보기술 전문가와 정보기술 및 그 변화 추세를 이해하고 있는 기업 전략 수립자 사이에 상호 긴밀한 협조가 이루어질 때, 정보시스템 전략과 기업 전략 사이에 바람직한 비즈니스와 IT 연계가 이루어진다(Bakos 등, 1986). 비즈니스-IT 연계란 비즈니스 전략, 목표, 요구 기준에 맞추어 적시에 적절한 방법으로 IT를 활용하는 것이다.

연계와 관련된 용어는 [표 3-4]에 제시한 바와 같이 다양하게 표현되고 있지만, 대체로 연계가 가장 많이 사용되고 있다.

[표 3-4] 전략적 연계와 관련된 용어

관련 용어	연구자
연계(alignment)	Chan 등(1997), Chan 등(2006), Luftman(1996), Luftman 등(1999b), Luftman 등(1999a), Luftman(2000), Brown 등(1994), Burn 등(2000), Sabberwal 등(2001), Burn 등(2000), Reich 등(2000), Henderson(1993), Rathnam 등(2004)
연결(linkage)	Reich 등(1996), Vitale(1986), Tavakolian(1989), Pyburn(1983),
적합(fit)	Venkatraman(1989a)
조정(coordination)	Lederer 등(1989)

Reich와 Benbasat(1996)은 연결(linkage)의 개념을 IT 미션, 목적, 계획이 비즈니스 미션, 목적, 계획을 지지하고 지지받는 정도라고 했다. 여기서의 목적이란 조직 단위의 전략과 목표를 의미한다. 연계와 같은 개념으로 Henderson과 Venkatraman(1993)의 연계(alignment), Venkatraman(1989)의 적합(fit), Lederer와 Mendelow(1989)의 정합(coordination)이 있다. 일반적으로 이 모든 개념들은 비슷한 의미로 사용되기 때문에 본 연구에서는 그들을 구별하지 않고 모두 연계로 사용한다(김용겸 등, 2005).

기업 지배구조와 IT 거버넌스의 관계가 중요해지는 이유는 IT와 비즈니스 연계의 관점에서 찾아볼 수 있다. 비즈니스-IT연계는 공통의 전략적 목표 달성을 위한 IT와 여타 비즈니스 부문 사이의 관계로 발전했다. IT가 전체 산업과 시장을 변화시킬 막강한 힘을 갖고 있다는 많은 증거가 있다(Earl, 1993; Luftman 등, 1999a). 비즈니스 기능과 정보시스템 기능을 연계하는 것은 중요하다는 연구는 많다(Brown 등, 1994; Reich 등, 1996; Reich 등, 2000). 실증연구를 통해 IS 전략 연계는 IS 전략에 의해 공유되고 지지를 받아서 비즈니스 성과에 영향을 주는 것으로 나타났다(Reich 등, 1996; Sabherwal 등, 2001).

Henderson과 Venkatraman(1992; 1993)의 전략적 연계 모형은 전략적 연계 분야에서 매우 큰 영향을 주었다. [그림 3-8]과 같이 전략적 연계모형은 4개 요소들 간 연계에 관한 개념적 모형이다.

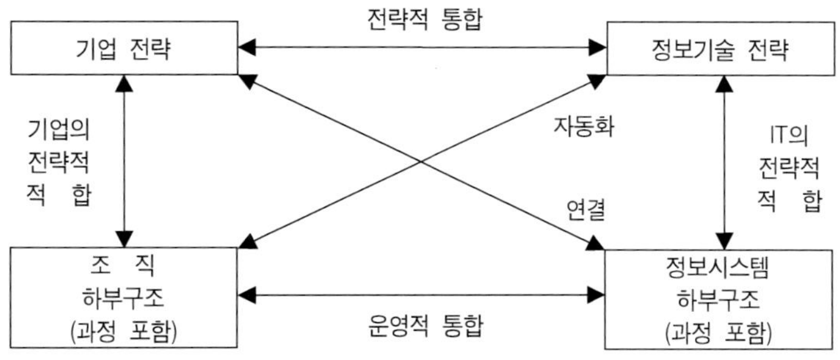

[그림 3-8] Henderson과 Venkatraman(1993)의 **전략적 연계 모형**

Venkatraman(1989a)는 전략적 연계에서 적합(fit)의 의미를 다음과 같이 다양한 관점에서 보아야 한다고 했다. 첫째 연계와 관련된 기준변수가 구체적인가 또는 구체적이지 않는가, 둘째 연계와 관련된 변수 간 관계의 구체화의 정도가 적은가 또는 많은가, 셋째 연계와 관련된 변수의 수가 적은가 또는 많은가에 따라서 조절, 일치, 매개, 공변량, 형태편의, 게스탈트와 같이 6가지 연계 방법으로 구분했다.

Ven de Ven과 Drazin(1985)은 통합에 대한 개념화를 자연적 선택 접근법(natural selection approach), 이변량 접근법(bivariate approach), 시스템 접근법(systems approach)으로 분류하였다. 자연적 선택 접근법의 가정은 정보시스템 전략과 기업 전략 간 연계는 자연 발생적 또는 경영관리 차원의 필요성 때문에 존재하며 기업 성과와의 관련성은 다루어질 필요가 없다는 것이고, 이변량 접근법은 연계는 정보시스템 전략과 기업 전략 간 선형적 관련성을 가지며, 기업의 낮은 성과는 이런 관련성 사이의 편의에 기인한다는 것이다. 또한 시스템 접근법은 연계는 다중의 정보시스템 전략과 기업 전략요인의 내적 일관성이며, 일련의 동등하게 유효한 정보시스템 전략과 기업 전략 구성이 존재한다는 것이다.

기준변수와 관련하여 Venkatranaman(1989a)의 일치, 공변량, 게스탈트의 개념은 Ven de Ven과 Drazin(1985)의 자연적 선택 접근법과 통합될 수 있다.

Henderson과 Venkatranaman(1993)의 프레임워크를 이용해 93개 기업을 대상으로 한 Burn과 Szeto(2000)의 연구에 따르면 비즈니스 관리자의 50%와 IT 관리자의 60%만이 비즈니스 전략과 IT 전략의 연계가 성공적이거나 아주 성공적이었다고 응답했다. 또한 두 전략의 성공적인 연계가 가능하게 한 요소는 비즈니스 목표 달성을 위해 최고 경영진이 적절한 연계 방법을 선정한 점과 외부 시장과 내부 IT의 연계인 것으로 밝혀졌다.

Reich와 Benbasat(1996)은 연계를 사회적 영역의 2가지 측면(단기,

장기)으로 구분을 했다. 단기 연계는 단기 목표에 대한 공유된 이해에 대한 것이고, 장기 연계는 IT 비전에 대한 공유된 이해에 대한 것이다. 그들에 의하면 조직은 어떤 것은 낮은 등급을 매기면서 다른 것은 높은 수준에 도달하기 때문에 서로 별개의 것이라고 주장했다. 단기 연계는 서로 다른 단기 계획과 목표를 이해하고 책임지는(commit) 정도이고, 장기 연계는 비즈니스와 IT 중역들이 IT가 사업 단위의 성공에 기여할 방법에 대한 공통의 비전을 공유하는 정도를 의미한다.

Broadbent와 Weill(1998)은 비즈니스와 IT의 연계를 달성하는 데 장애가 되는 각종 요소들을 파악했다. 우선 비즈니스 전략의 방향성 결여와 전략 목표의 변경 등을 포함해 조직의 전략적 배경 상황과 고위 경영진의 행동에서 나타나는 "표현 장벽(expression barriers)"이 있다. 그에 따라 조직의 전략에 대한 이해와 실천에 문제가 발생된다. 또한 전략 개발 시에 IT 부문의 참여 부족과 비즈니스 경영자와 IT 경영자 사이의 협조 부족 등 IT 전략의 추진 과정에서 나타나는 문제로 인해 "명세 장벽(specification barriers)"이 발생한다. 그리고 현 IT 포트폴리오의 성격에 따라 "구현 장벽(implementation barriers)"이 나타나는데, 이는 현재의 인프라스트럭처에 기술적, 정치적 또는 경제적 제약(예, 레가시 시스템의 통합 어려움)이 있을 때 그런 "명세 장벽"이 발생한다.

Luftman(1996)은 비즈니스와 IT 연계의 구성 요인으로써 비즈니스 전략(사업 범위, 차별적인 능력, 비즈니스 거버넌스), 조직과 인프라스트럭처 및 프로세스(관리 구조, 프로세스, 스킬), IT 전략(기술 범위, 체계적인 능력, IT 거버넌스), IT 인프라스트럭처와 프로세스(아키텍처, 프로세스, 스킬)를 들었다. 또한 Luftman과 Brier(1999a)는

전략적 연계 프로세스를 가능하게 하는 긍정적 요소와 저해가 되는
부정적 요소를 [표 3-5]와 같이 제시했다.

[표 3-5] 비즈니스와 IT 연계의 촉진요인과 저해요인

촉진요인	저해요인
고위 경영진의 IT 지원	IT와 비즈니스 사이의 긴밀한 관계 부재
전략 개발에 IT 참여	우선순위 설정의 부재
IT 부문의 비즈니스 이해	IT 부문의 실천 부재
비즈니스-IT 파트너십	IT 부문의 비즈니스 이해 부족
IT 프로젝트의 우선순위 설정	고위 경영진의 IT 지원 부족
IT의 리더십 발휘	IT의 리더십 부족

IT 거버넌스 협회(ITGI, 2001)에 따르면 이사회는 IT 거버넌스에서
다음과 같은 방식으로 기업 연계를 추진해야 한다. 첫째, IT 전략이 기업
전략과 연계되어 있는지 확인한다. 둘째, IT가 명확한 기대와 측정을 통
해 전략에 따라 제 역할을 하는지 확인한다. 셋째, 기업의 지원과 성장
사이에서 투자가 균형을 이룰 수 있도록 IT 전략을 지시한다. 넷째, IT
자원의 집중 분야에 대해 충분한 숙고를 거친 후 결정을 내린다.

보다 체계적인 전략적 연계 프로세스를 구축하고자 할 때, 핵심
성공 요소와 장벽, 긍정적 요소와 부정적 요소 등을 염두에 두고 추
진하면 큰 도움이 된다. 전략적 연계의 성숙도 수준을 평가하는 데
[그림 3-9]와 같이 성숙 모델(maturity model)을 사용할 수 있다. 성
숙 모델은 전략적 연계 수준을 5점(최적화)에서 0점(없음)까지 점수
를 부여해 평가하는 방법이다. 현재 상태(as-is)와 목표(기업 전략에
따른) 수준(to-be)을 결정하는 손쉬운 도구이며, 표준 가이드 라인
과 베스트 프랙티스(best practices)에 대비하여 스스로를 평가할 수
있다. 이렇게 하여 현재의 문제점을 파악하고 구체적인 개선 방법을

규정해 원하는 수준의 전략적 연계 달성을 위한 계획을 잡을 수 있다(Guldentops, 2003; ITGI, 2000; ITGI, 2001).

전략적 연계 성숙 모델의 대표적인 연구로는 Luftman(2000)와 ITGI(2000)의 연구를 들 수 있다. 이들이 개발한 각각의 모델은 다양한 성숙 수준의 지표 요소를 바탕으로 정한 기준을 활용한다.

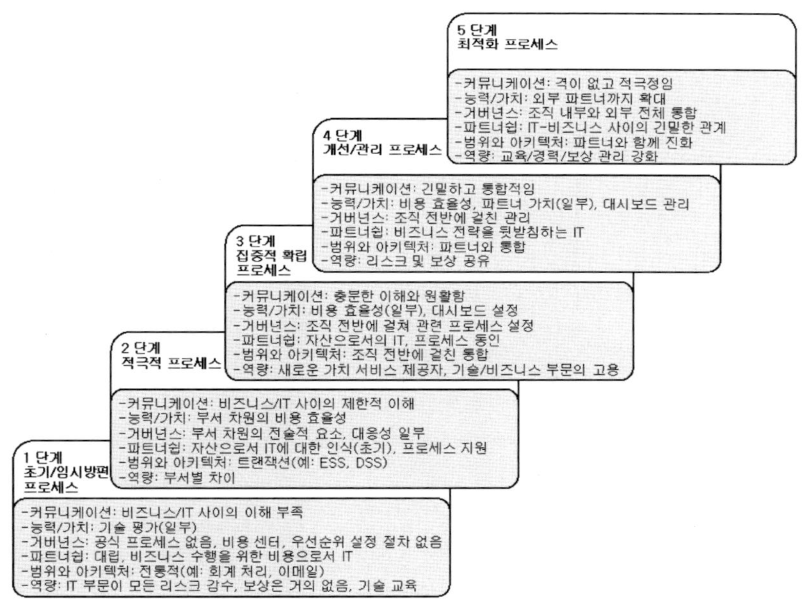

[그림 3-9] Luftman(2000)의 전략적 연계 성숙도 단계 요약

Luftman(2000)은 커뮤니케이션, 능력 / 가치 평가, 거버넌스, 파트너기십, 범위 / 아키텍처, 역량 등의 6개의 성숙도를 기준으로 초기 / 임시방편(intial / Ad-hoc) 프로세스, 적극적(committed) 프로세스, 집중적 확립(established focused) 프로세스, 개선 / 관리(improved / managed), 최적화(optimized) 프로세스 등의 5개 성숙 수준을 규정했다. 이와

같은 성숙 레벨 평가를 수행할 때는, 성숙도 평가의 기본 원칙을 지키는 것이 중요하다. 즉 특정 성숙 레벨의 모든 조건이 충족된 다음에 상위 성숙 레벨로 올라갈 수 있다. 5개 레벨 각각은 포춘 500대 기업 가운데 25개 업체를 대상으로 검증된 6개 기준(criteria)을 바탕으로 구분된 것이다.

각 전략적 연계 성숙도 단계를 판단하는 기준은 [그림 3-10]과 같다.

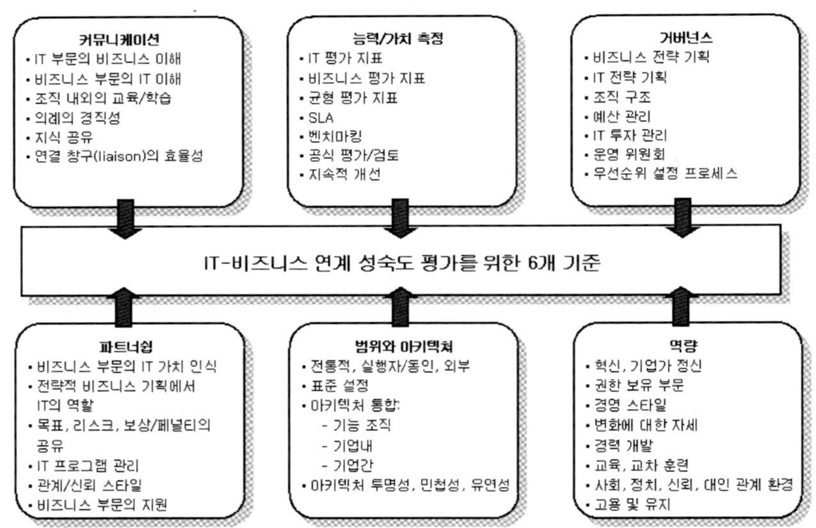

[그림 3-10] 성숙도 평가를 위한 6개 기준

ITGI(2005)가 제시한 공개 표준인 COBIT 4.0은 IT 거버넌스를 실행하고 현재 수준의 진단을 통해 IT 통제를 개선하기 위해 사용되는 국제적으로 수용된 IT 거버넌스 프레임워크이다. 여기에는 각각의 하위 프로세스들별로 성숙도 모델을 제시하여 수준평가가 가능하도록 하며 CSF(Critical Success Factor), KPI(Key Performance Indicator), KGI(Key Goal Indicator)를 정의하여 측정지표들을 관리할 수 있게 한다.

COIBT의 성숙도 모델에 따르면 IT 경영진은 활동사항을 효과적으로 파악해야 하기 때문에 벤치마킹과 자체평가 할 도구를 끊임없이 살핀다. 프로세스 소유자들은 COBIT의 프로세스와 높은 수준의 통제목표에서 시작해 통제 목적에 대해 점진적으로 벤치마킹 할 수 있어야 한다. 이렇게 하려면 다음 세 가지 사항이 필요하다.

- 조직의 위치에 대한 상대적 평가기준
- 조직을 세울 장소를 효율적으로 결정하는 방식
- 목표에 대한 프로세스 평가 도구

IT 프로세스 통제에 대한 성숙도 모델의 접근방법은 조직 자체를 부재단계에서 최적 단계까지 등급을 매기는 점수 기록방법 개발로 이루어져 있다. 이러한 접근방법은 소프트웨어 엔지니어링 연구소(Software Engineering Institute)가 소프트웨어 개발 능력 성숙도에 대해서 규정한 성숙도 모델을 바탕으로 하고 있다. 모델이 무엇이든 간에, 등급을 매기는 측정단위가 너무 세밀해서는 안 된다. 그렇게 되면 시스템이 사용하기가 어려워지고 정당화한다고 인정할 수 있는 정확성을 보여주기가 어려워진다.

그 대신에, 어떤 곳은 확실하게 따를 수 있는 조건들을 바탕으로 한 성숙도 수준에 집중해야 한다. 관리자들은 COBIT의 34가지 IT 프로세스에 대해서 개발된 성숙단계와 대비해서 다음과 같은 사항을 파악할 수 있다.

－조직의 현재 상태－현재 조직이 위치한 곳

－산업(부문의 최우수 조직)의 현재 상태－비교

－국제 표준지침의 현재 상태－추가 비교

－조직의 개선 전략－조직이 위치하고자 하는 곳

34가지 IT 프로세스에 대해 0점에서 5점까지의 기준을 바탕으로 점증적인 측정단위가 있다. 이 단위는 다음과 같이 부재에서 최적에 이르는 일반적이고 정성적인 성숙 단계로 설명된다.

Chan 등(2006)은 전략적 IS 연계의 선행요인과 결과에 대해 실증 연구를 했다. 그들에 의하면 전략적 연계의 선행 요인은 [그림 3－11]과 같이 공유된 도메인 지식, 선행 IS 성공, 조직 규모, 환경의 불확실성이라고 보고, 전략적 연계는 조직적 성공으로 이루어진다는 것을 실증했다.

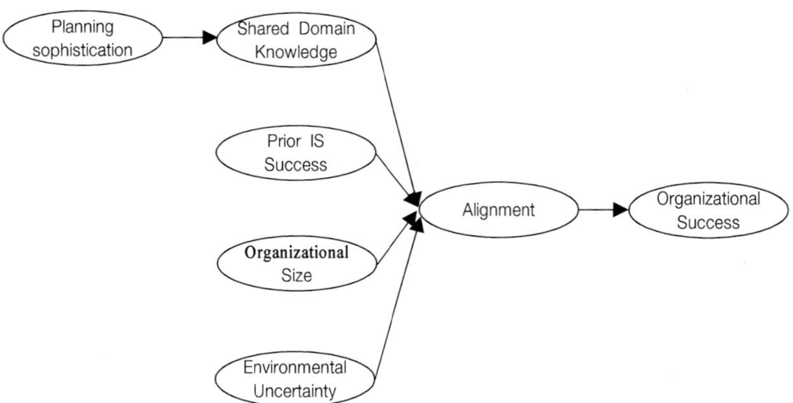

[그림 3－11] Chan 등(2006)의 전략적 연계 모델

[표 3-6] 전략적 연계의 주요 요인

연구	실증연구의 특성	연계의 선행 요인
Luftman 등(1999)	연계 수업을 듣는1051명의 비즈니스와 IT 중역들을 인터뷰	고위 경영진의 IT 지원 전략 개발에 IT 참여 IT 부문의 비즈니스 이해 비즈니스-IT 파트너십 IT 프로젝트의 우선순위 설정 IT의 리더십 발휘
Reich과 Benbasat(1996)	10개 사업단위에서 57명 인터뷰	공유된 도메인 지식 성공적인 IT 역사 비즈니스와 IT 계획 사이의 연결 비즈니스와 IT 중역 사이의 의사소통
Cragg 등(2002)	250개의 제조 소기업의 설문조사	IT에 대한 CEO의 헌신 IT 복잡함(sophistication)
Chan 등(2006)	비즈니스 회사(226개)와 교육 기관(224)을 대상으로 한 설문조사	공유된 도메인 지식 사전 IS 성공 조직규모 환경적 불확실성

2. IT 위험 관리

Widelman(1986)은 위험이란 부정적인 사건의 발생 정도와 그로 인해 발생하는 결과라고 했다. Straub와 Welke(1998)는 위험이란 비즈니스를 하는 도중에 내재된 불확실성이다. 기술적으로는 위험이 실현되었을 때, 금전적인 손실이 급증하는 시스템의 손실과 연관된 확률이다. Teneyuca(2001)는 위험이란 프로젝트의 결과가 하나 이상의 목적을 충족시키지 못하는 바람직하지 못하고 예상하지 못한 사건의 가능성이다. 위험은 위협, 자원, 요인 변경(modifying factor), 결과를 포함한다(Loch 등, 1992). 다양한 영향력이 조직에 영향을 미친다. 위협은 불리한 결과를 만들어낼 수 있는 다양한 범위의 영향이다. 자원은 위협에 의해 영향을 받는 자산, 사람 소득으로 구성된다. 요인 변경은 위협이 실현되거나 혹독한 결과가 될 때의 확률에 영향을 주는 내부와 외부 요인이다. 결과는 인식된 위협이 자원에 영향을 주는 방법이다.

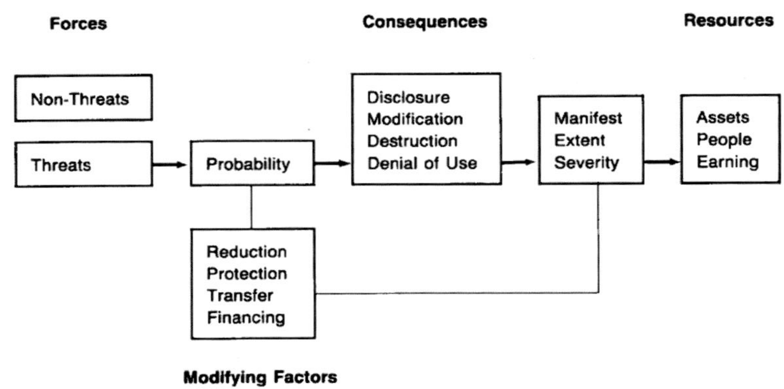

[그림 3-12] 위험의 구성요소(Loch 등(1992))

위험 관리란 불특정 사건의 영향을 인식하고 감소시키며, 통제하고 최소화하는 모든 프로세스들을 말한다. IT 위험[7]을 관리한다는 것은 "위험 프로세스의 관리"와 "위험 관리 프로세스"로 구분해야 한다(Charette, 1996). 위험의 관리(management of risk)는 조직의 전

---

7) 실제 MIS 논문들을 살펴보면IT 위험 관라는 용어보다는위험 관라는 용어가 통상 사용된다. 이는 IT에 대한 위 어느 특정 분야에서 국한되어서 발생하는 문제가 아니라 경영 전반과 관련되어서 발생하는 경우가 많기 때문에 위험 관리로 통칭을 한다. 그러나 본 연구에선 위험관리의 성격을 분명하게 파악을 하기 위해 IT 위험관리라는 용어를 사용한다

체 비즈니스 운영(재무, 생산, 마케팅 등)에 이르는 일련의 위험을 평가하고 관리하는 데 사용되는 일반 프로세스를 의미한다. 반면에 위험 관리(risk management)는 특정 상황 안에서 위험의 발생을 분석 및 통제하기 위한 단계적이며(phased) 계통적인 접근방법이다.

위험 관리 프로세스는 분석단계와 실행단계로 나누어지는데, 분석단계를 식별, 측정, 평가로 실행단계는 계획(planning), 자원관리(resourcing), 통제(controlling), 감시(monitoring)하는 단계로 구분된다(Charette, 1996).

IT의 관점에서 위험 관리는 기대되는 IT 산출물로부터 비선호적인 일탈(unfavorable deviation)의 가능성을 확인하고, 평가하며, 감소하거나 제거하는 데 사용되는 시스템적인 접근방법이다(Yates 등, 2004). 이는 자동화된 정보 자원의 위험을 평가하기 위한 지속적인 프로세스이다. 이 프로세스는 위험 분석, 비용-위험 분석, 선택, 구축과 테스팅, 보안 평가, 전체 보안 리뷰를 포함한다. 이들은 정보 시스템의 위험은 크게 기술적 위험, 조직적 위험, 비즈니스 위험으로 구분된다고 보았다(Yates 등, 2004). 기술적 위험은 새로운 IT 시스템이 기술적으로 잘 동작하는지에 대한 보증에 관한 것이고, 조직적 위험은 지식 근로자가 IT 시스템을 올바르게 사용하는지에 보증에 관한 것이고, 비즈니스 위험은 달성된 이익이 비용-효과적인지에 대한 보증에 관한 것이다.

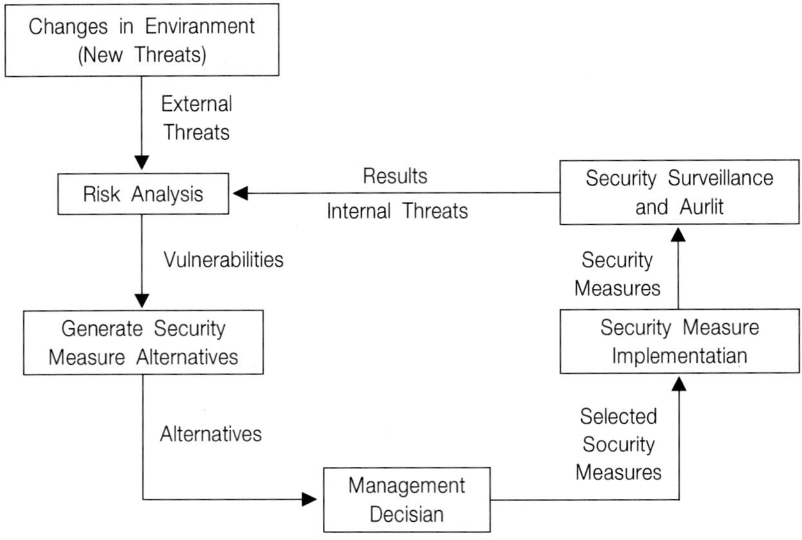

[그림 3-13] 위험 관리 생명 주기(Rainer 등, 1991)

Rainer 등(1991)은 [그림 3-13]과 같이 위험관리 주기는 위험 분석 프로세스에서 시작되어 보안 측정 대안들을 만들고, 대안을 선택하고, 선택된 대안을 구축하고 실제 보안 감사와 인증을 진행하게 된다.

Ropponen과 Lyytinen(1993)에 따르면 프로젝트에 위험 관리를 포함시킴으로써 소프트웨어 위험에 대한 노출을 감소시킬 수 있으면 또한 소프트웨어 품질을 증가시키고 소프트웨어 개발을 향상시킬 수 있다.

김영걸 등(1998)은 정보시스템의 위험은 정보자산의 가치, 이에 대한 위험요인들 그리고 정보자산의 취약성으로 구성되어 있으므로, 위험분석은 정보자산의 기밀성, 무결성, 가용성 등을 저하시킬 수 있는 제반 위험들 및 그와 같은 위협들에 대한 정보자산의 취약성에 근거를 둔다. 또한 위험 분석은 경영층의 전략적 의사결정에 의한 통제 메커니즘을 조직에 이행하고 유지하는 위험관리의 기초가 된다 (Rainer 등, 1991).

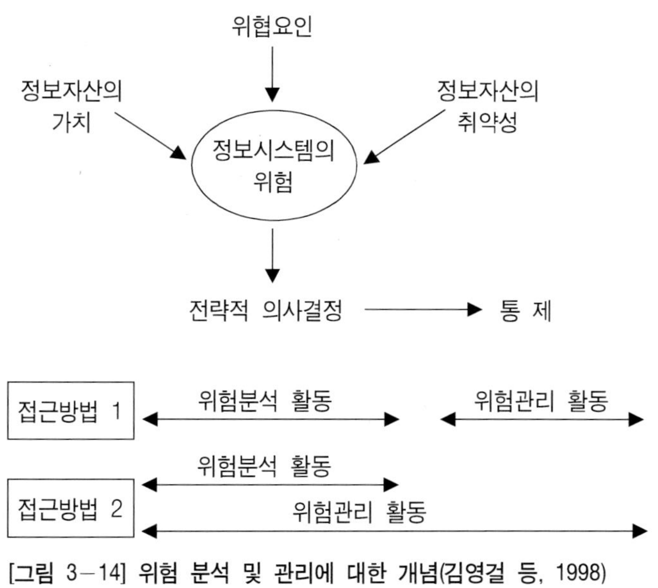

[그림 3-14] 위험 분석 및 관리에 대한 개념(김영걸 등, 1998)

Keil 등(1998)은 높은 실패율은 소프트웨어 프로젝트에 관련된 위험을 평가하고 관리하는 데 조심스러운 측정을 하지 않은 관리자에 기인한다고 했다.

IT 위험 관리와 관련된 이해관계자는 위험 관리 부사장(Vice President of Risk Management), CIO, CFO, 사베인-옥슬리 법안 관련 변호사(compliance officer), 자문 위원회(General Counsel)가 있다.

비즈니스 관리자는 위험 관리는 프로젝트가 진행되는 동안에 위험을 인식하고, 평가하고, 감소시키며, 통제하는 데 관련이 있는 지속적이고 반복적인 프로세스라는 것을 이해해야 한다(Teneyuca, 2001).

Bandyopadhyay(1999)는 잠재적인 위험을 인식하기 위해 위험 식별, 위험 분석, 위험 감소 측정, 위험 통제로 구성된 통합적인 위험 관리 프레임워크를 [그림 3-15]와 같이 제안했다. 또한 이들은 IT 환경을 애플리케이션 수준, 조직적 수준, 조직 간 수준으로 나누어서 각각의 위험의 종류를 다음과 같이 구분했다(Bandyopadhyay, 1999).

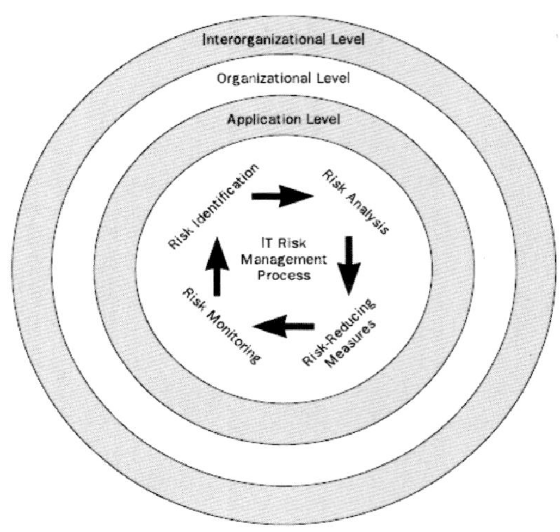

[그림 3-15] IT 위험 관리 프레임워크

애플리케이션 수준은 IT 애플리케이션의 기술적 위험이나 구축 실패에 집중을 한다. 이런 위험은 내부/외부의 원인에서 시작될 수 있다(Rainer 등, 1991). 외부적 위험은 자연재해, 경쟁자의 행동, 해커, 바이러스 등이 있고 내부적 위험은 인가되거나 비인가된 시스템 접근으로부터 발생하는 시스템 남용으로 볼 수 있다. 조직적 수준은 다른 독립된 애플리케이션보다는 조직의 모든 기능적 부문을 통틀어

IT의 영향에 초점을 맞춘다. 이 수준에서 발생할 수 있는 위험은 지속성 위험, 데이터 보안위험, 법률상의 위험이 있다. 지속성 위험은 장기적인 기준에서 IT 애플리케이션 확산으로부터 지속적인 경쟁 우위와 연관이 있다. 데이터 보안 위험은 조직 내에서 데이터의 전략적 사용으로 비롯된다. 법률 위험은 IT 사용을 통해 경쟁자와 고객의 권리의 침해에서 비롯된 손실의 가능성이다.

[표 3-7] IT 위험의 분류-Smith(2001) 요약 정리

종 류	내 용
재무위험	투자이익을 과대평가하거나 원가를 과소평가로 인한 위험
기술위험	기술 실패로 인한 비즈니스 수행장애나 구식 기술로 인한 시장점유율과 경쟁력의 손실로 인한 위험
보안위험	응용프로그램 보안과 데이터 무결성에 대한 위험
정보위험	시스템에서 부정확하고 없어진 데이터에 대한 위험(프라이버스, 의사결정, 전략개발 위험)
인적 위험	부적절한 프로젝트 자원관리, 빈약한 의사결정 능력, 빈약한 기대 관리, 중요한 프로젝트와 관련된 사람들과의 관계 형성 부족, 변화의 속도와 스탭의 능력과의 조화 실패
비즈니스 프로세스 위험	운영원가를 줄이기 위한 비즈니스 프로세스의 변화에 대한 정보시스템의 잘못된 대응
관리위험	프로젝트 성공에 영향을 주는 요인(스케줄, 예산, 기능성 등)에 대한 인식 / 평가 / 관리에서 발생하는 위험
외부위험	정보시스템 아웃소싱, IT 하도급, ERP 시스템 등의 성장에서 발생하는 위험

조직 간 수준에서는 네트워크 환경에서 운영되는 조직의 IT 위험에 관한 것이다. 이 수순의 위험은 자연 재해, 컴퓨터 해커들에 의한 침입, 취약하고 비효율적인 통제가 있다. Smith 등(2001)는 정보시스템 분야에서의 위험관리는 기존에 너무 협소하게 정의를 하고

있다고 전제를 하고 CIO에 직접 보고하는 17명의 IS 전문가를 대상으로 포커스 그룹 인터뷰를 실시하여 위험의 분류와 관리에 대한 정리를 했다. 그들에 따르면 위험은 세가지 차원(장애(hazard), 불확실성, 기회)과 수준(프로젝트, 운영, 전략)에 따라 적절히 이해되고 관리되어야 한다. 그리고 이를 위해 위험관리가 인식(identification) 단계, 평가(assessment) 단계, 관리(dealing with the risk) 단계의 지속적인 순환관리가 필요하다고 했다. 그들은 인식단계에서 재무위험, 기술위험, 보안위험, 정보위험, 인적 위험, 비즈니스 프로세스 위험, 경영위험, 외부위험 등을 고려해야 한다고 보았다.

ITGI(2001)에 의하면 기업 위험은 재무 위험만이 아닌 다양한 형태로 발생한다. 규정을 만드는 이들은 특히 운영 및 시스템상의 위험에 주목한다. 이 위험에는 기술 위험과 정보 보안 문제가 중요하기 때문이다. 미국과 영국의 인프라스트럭처 보호 최우선 추진과제는 모든 기업들이 IT 인프라스트럭처에 지나치게 의존하고 있고 신기술 위험에 취약하다는 점을 지적하였다. 이들 최우선 추진과제가 제안한 첫 번째 권고사항은 기업 고위임원들의 위험에 대한 인식이다. 그러므로 이사회는 다음과 같은 방식으로 기업을 관리해야 한다.

첫째, 조직에 발생할 수 있는 커다란 위험에 대한 투명성이 확보되도록 하고, 기업의 위험 감수 정책 또는 위험 회피 정책을 명확히 한다.

둘째, 위험 관리의 최종 책임이 이사회에 있다는 점을 인식한다. 따라서 실무경영진에게 이사들을 파견할 때, 이러한 대표 파견을 조심스럽게 알리고 잘 이해시켜야 한다.

셋째, 위험 관리를 위해 마련한 내부 통제 시스템이 비용효율성을 발생시킬 수 있다는 점을 인식한다.

넷째, 투명하고 주도적인 위험 관리 접근이 경쟁우위를 낳을 수 있다는 점을 고려한다.

다섯째, 기업 운영에 있어서 위험 관리가 깊이 자리하고 있어서 위험 변화에 신속하게 대등하고 해당 관리계층에 단계적 원칙(무엇을, 언제, 어디에서, 어떻게 보고하는가)에 따라 즉시 보고하도록 요구한다.

Bradbent와 Kitzis(2004)의 혁신적인 리더가 되고자 하는 CIO들은 IT 관련 법안(샤베인 옥슬리 법, 유럽 연합의 데이터 보호 지령, 미국 건강보험의 이동성 및 책임에 관한 법안, 미국 캘리포니아 주의 DB 보안 확인 불이행에 관한 법안 등) 등과 함께 비즈니스 간의 상호 연결, 간부의 범죄 행위, 사생활 보호에 대한 소비자 요구, 잠재적 IT 실패 같은 위험에 대해서도 대비해야 한다고 하고 있다.

Yates와 Arne(2004)과 Nolan(2005)에 의하면 이사회는 IT 위험을 이해하고 다루는 데 두려워하고 있다고 한다. 그러므로 위험 평가 팀이 이사회에게 위험 관리함에 있어서 감시 역할을 할 수 있도록 다음의 것이 제공되어야 한다.

- 이사회 구조: 위험 관리는 현재의 위원회(감사, 재무 위원회)에 의해 관리되어야 하는지 아니면 특별 위원회에 위임되어야 하는지를 결정해야 한다.
- 이사회 보고: 이사회와 위원회에의 보고는 매번 회의에서 이루어져야 하고 주요한 위험에 대해서 다루어져야 한다.
- 교육과 훈련: 매년 기준으로 일반 위원회는 이사회의 대표이사를 상의를 해서 기존이나 새로운 이사의 회사의 위험에 관한 최신의 정보를 받을 수 있는지 결정해야 한다.
- 이사회 프로세스: 매년 이사회는 기업과 이사회 위험 관리 프로

세스의 효과성에 대해 검토를 해야 하고 이사회는 개별 위원회의 책임감과 위원회 사명서를 개정 등을 해야 한다.

Broadbent & Kitzis(2004)에 따르면 CIO는 기업의 책임을 강조하는 샤베인 옥슬리 법 등을 제외하고도 다음과 같은 위험이 있다는 것 파악했다.

첫째, 비즈니스 간의 상호연결이다. 증대하는 상호 연결성은 도용에의 노출과 의존성 그리고 정보의 오용을 증가시킨다. 이들 관계들에 대한 잘못된 관리는 전통적인 IT 영역 밖의 새로운 위험이다.

둘째, 간부의 범죄행위이다. 이런 종류의 범죄는 수많은 극적인 기업 도산을 불러왔고 이에 따라 정보 남용을 줄이고 범죄자를 처벌할 법안들이 등장했다. 이 법률들은 정보 취급 및 보호상의 새로운 법률적 위험을 야기시킨다.

셋째, 사생활 보호에 대한 소비자 요구이다. 개인정보 문제를 주목하는 이유는 개인정보의 절도, 민감한 개인정보와 대량 감시를 목표로 한 정부의 대테러리스트 프로그램들에 대한 해킹 사건의 빈도가 증가하고 있다는 사실에 근거한다. 사생활 보호의 실패는 새로운 소비자 위험이며 새로운 사생활 보호법 준수의 불이행은 새로운 법률적 위험이다.

넷째, 잠재적 IT 실패: 기업에서의 IT 실패는 지금 당장에라도 고객 혹은 공급자의 사업에 영향을 줄 수 있다. 이러한 실패는 민형사상 처벌은 물론 회사의 명성에 심각한 손상을 줄 수 있다.

나지윤 등(2005)의 COBIT을 바탕으로 국내 CIO의 IT 거버넌스에 대한 인식을 조사한 연구에 의하면 위험 관리란 IT 자산의 보호와 재난 복구의 능력이라고 보았다. 그들은 위험은 모든 측면에서 발생할 수 있는 것이며 위험 관리를 위해서는 전사적인 차원에서 위험과 취약성을 분석하여 신속하게 대응할 수 있어야 한다고 했다(임금순 등, 2004). 그들에 따르면 이사회와 경영진들은 사전 위험 관리의 유용성에 대해 인식하고 있긴 하지만 추가비용 정도로 생각하는 경향이 있었고(40.6%), 18.8%는 사전 위험관리가 필수적이지 않다고 생각하는 것으로 나타났다. 전사적 규모의 정보기술 솔루션을 도입하기 전에 비용, 인프라의 연계, 실행역량 등은 고려하고 있지만 업무 프로세스의 개선이나 혁신 방향까지 고려하고 있는 기업은 37.5% 정도로 미흡한 것으로 나타났다. 많은 기업에서 위험 관리는 리커트 7점 척도 기준으로 중요하게 생각하는 데(5.7) 비해 수행(4.9)이 제대로 이루어지지 않는 것으로 나타났다.

제5절   조직 성과에 대한 연구

일반적으로 성과를 측정할 때 응답자의 지각과 진술에 기반을 두는 경우가 많다(Chan 등, 1997). 주관적인 측정 방법은 전략과 관련된 성과를 측정할 때 흔히 이용되는 방법이다(Dess 등, 1984; Venkatraman 등, 1987). Dess와 Robinson Jr(1984)은 기업들이 다양한 산업에 종사를 하거나 비공개 기업일 경우에는 객관적이고 신뢰성 있는 성과 측정 방법을 획득하기 어렵기 때문에 최고 경영층(top management teams)으로부터 얻어진 주관적인 성과 측정 방법의 유용성을 강조했다. 즉 조직의 성과는 미시적인 경제적인 성과뿐만 아니라 거시적인

다차원적인 측면(사회 / 환경, 종업원 / 커뮤니티 등)에서 살펴보아야 하기 때문에 객관적인 경제지표보다는 주관적인 성과측정 방법이 타당하다고 실증하고 있다.

1. 정보시스템 효과성

정보시스템의 가치에 대한 경제적인 분석을 통한 조작적 정의의 어려움의 견지에서 연구자들은 조작적 정의가 쉬운 정보시스템 효과성을 측정방법으로 대신해서 사용하고 있다(Thong 등, 1996).

Hamilton과 Chervany(1981)는 정보시스템 효과성이란 정보시스템이 조직의 성과에 영향을 주는 조직의 목표를 달성하기 위한 정도라고 정의를 내린 후에, 이를 평가하기 위한 접근방법으로 품질보증 검토, Compliance 감사, 예산 성과, 요원의 생산성, 컴퓨터의 성과, 서비스 수준 모니터링, 사용자의 태도, 구현 후 검토, 비용 / 효과 분석의 9가지로 구분하였다. 그러나 정보 시스템 효과성에 대한 개념화와 조작적 정의에 대한 연구에 대한 학자들의 합의점은 없는 상태였다(Thong 등, 1996). 즉 정보시스템 효과성 평가의 어려움 때문에 많은 학자들이 정보시스템의 효과성을 대리변수에 의해 측정하려고 시도하였다(임성택 등, 1997). 주로 사용되는 대리변수로는 사용자 만족도(Bailey 등, 1983), 시스템의 사용도(Trice 등, 1988), 서비스의 질(Watson 등, 1998) 등을 들 수 있다.

Thong과 Yap(1996)에 의하면 과거에는 정보시스템 효과성을 측정하기 위한 접근 방법으로는 비용 / 효과 분석, 시스템 사용량 추정,

사용자 만족, 의사결정 효과성에 대한 증가된 성과, 효용성 분석, 분석적 계층 접근, 정보 속성 검사가 사용되었다. 조직 효과성을 측정하는 것이 어려운 것처럼 정보시스템 효과성을 개념화하고 측정하는 것은 매우 어렵다. 특히 모든 조직에 적용되는 정보시스템 효과성의 정확한 방법을 찾는 것은 의미 없다. 한 조직에서의 효과성 기준은 평가, 조직 수준, 조직 성장 국면과 관련된 사람들의 가치 구조가 변화하기 때문에 다양하다. 이상적으로는 정보시스템 효과성을 결정하기 위해서는 비용 / 효익 분석 같은 객관적인 방법을 사용해야 한다. 조직의 정보시스템의 순 가치는 실제 효과(증가된 조직 효과성)와 정보시스템 개발과 운영 비용의 차이와 같다. 그러나 여기에는 3가지 주요 문제가 있다(Ives 등, 1983). 첫째, 정보시스템의 무형적인 비용과 효과는 계량화하기 어렵다. 둘째, 의사지원을 위한 정보시스템과 효과의 객관적인 측정은 거의 불가능하다. 셋째, 객관적인 데이터가 확인된다고 하더라고, 그것들은 일반적으로 문서화되지 않기 때문에 유용하지도 않다. 또한 이러한 비용 / 효과 분석 방법은 주로 평가대상이 개별 시스템이나 응용패키지에 한정되어 있었고, 또한 정보시스템의 효과성보다는 효율성을 강조하는 경향이 많았다.

정보시스템 효과성은 일반적으로 개인적 영향과 조직적 영향의 2개 차원을 사용해서 측정한다(DeLone 등, 1992; Sabherwal, 1999). 개인적 영향은 사용자 정보 만족과 시스템 사용으로 측정할 수 있으며, 과업과 관련된 의사결정 및 분석능력 등의 향상이나 개인적 생산성의 향성으로 측정할 수도 있다. 조직적 영향은 조직 내부의 운영효율성의 개선이나 제품 / 서비스의 개발 및 향상으로 측정할 수 있다.

Raghunathan(1992)은 CEO의 정보시스템 운영 위원회(IS Steering Committee) 참여는 전략적 연계, 지각된 정보시스템의 중요성과 효과성을 향상시킨다는 것을 실증했다. 그에 따르면 조직에서 성공적인 IS를 파악하기 위해서는 사용자가 지각하는 효과성이 척도가 된다고 보았다. 그리고 최고 경영진의 지원은 IS 개발 시에 창의성과 통제를 제공하고 정보시스템 효과성에 긍정적인 영향을 준다고 했다.

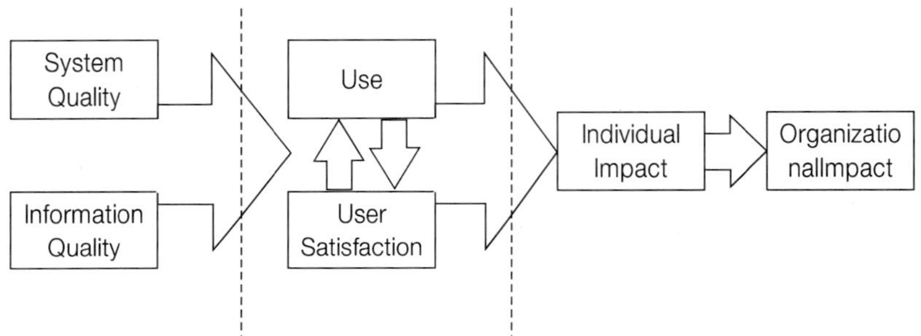

[그림 3-16] Delone & Mclean(1992)의 IS 성공 모델

Delone과 McLean(1992)은 과거 IS 연구에 사용되어 왔던 IS 성공의 6가지 다른 측면을 확인했다. 즉 그들은 커뮤니케이션 이론을 바탕으로 개별 정보시스템의 성과를 측정할 수 있는 기준과 이들이 상호 인과관계를 제안하였다. 이 모형에서는 개별 정보시스템의 효과성 평가를 위한 기준으로서 시스템의 질, 정보의 질, 사용, 사용자 만족, 개별 사용자의 영향(impact), 조직의 영향을 제시하였다. 이 중에서 시스템의 질과 정보의 질은 정보시스템 사용자와의 관계가 아닌 시스템과 정보 자체를 평가하는 것인 반면에 사용, 사용자 만족, 개별 사용자의 영향, 조직의 영향은 정보와 사용자의 상호작용을 평가하는 것이다. 이들은 평가모형의 타당성을 입증하기 위해서 문헌조사를 통하여 각 기준에 대하여 어떤 측정치를 사용할 수 있는지를 조사하였으나, 평가기준들의 인과관계는 실증으로 입증하지 않았다.

이 중에서 시스템의 질과 정보의 질은 정보시스템 사용자와의 관계가 아닌 시스템과 정보 자체를 평가하는 것인 반면에 사용, 사용자 만족, 개별 사용자의 성과, 조직의 성과는 정보와 사용자의 상호작용을 평가하는 것이다.

Livari(2005)는 Delone과 McLean(1992)의 모델을 실증하여 시스템의 질과 정보 품질은 시스템에 대한 사용자 만족의 중요한 선행요인이지만 시스템 사용의 선행요인은 아닌 것으로 나타났다. 또한 사용자 만족은 개인적 영향의 중요한 선행요인인 데 반해 개인적 영향에 대한 시스템 사용의 영향은 없는 것으로 나타났다.

Chan 등(1997)은 정보시스템 효과성을 측정하기 위해 Delone과 McLean(1992)의 6가지 요인에서 사용자 정보 만족과 조직의 영향을 가지고 측정했다. 사용자 정보 만족은 이미 여러 학자들에 의해 반복적으로 타당성이 검증되었다(Bailey 등, 1983; Ives 등, 1983; Livari, 2005). 또한 IT 조직 영향의 중요한 부분인 IS 전략적 영향을 측정하는 방법을 결정하기 위해 문헌조사를 실시하여 비즈니스 프로세스, 시장, 정보시스템의 경제적 효과를 이용해 개발하였다.

2. 경영성과

다양한 연구자들이 조직 성과에 대한 다양한 방법을 제시하고 있다. 주관적인 측정 방법이 경영성과 같은 폭넓은 개념을 표현하기 위해 제시되어왔기 때문에 객관적인 방법보다는 주관적인 측정 방법이 사용되어 왔다(Chan 등, 1997; Cragg 등, 2002; Khandwalla, 1977).

그들은 조직 성과를 측정할 때 장기 수익률, 재무 자원의 유용성, 매출 성장, 이미지, 고객 충성도를 이용했다. Khandwalla(1977)는 이 측정 방법이 객관적인 측정방법과 강한 상관관계가 있음을 발견하였고, Miller(1987)와 Raymond 등(1995)에 의해 소기업 상황에서 유효하다는 것은 확인했다.

Chan 등(1997)에 따르면 경영성과는 복잡하고 여러 측면을 가진 개념이다. 즉 다양한 이해관계자(예를 들어, 종업원, 고객, 주주)가 다양한 성과 측정 방법을 사용한다. 비즈니스 전략 문헌에서는 경영성과를 측정을 시도할 때 복합적인 측정 방법이 제시된다(Venkatraman 등, 1987).

Venkatraman(1989b)는 경영성과를 측정하기 위해 성장성과 수익성의 관점에서 측정했다. 성장성은 기업의 장기적 성과에 대한 추세로서 정보시스템이나 정보기술에 투자하는 이유 중 하나가 바로 기업의 성장을 지원하기 위한 것이다. 수익성은 기업의 단기적 성과를 측정하는 대표적 척도로서 수익성 개선이 정보기술 투자에 강한 동기유발 요인이 된다면, 정보기술을 채택하는 선도기업으로 인식된 기업은 이들이 속한 산업의 경쟁기업보다 수익성이 더 높아질 것이다. 즉 성장성은 매출액 증가, 시장 점유율 증가의 측면에서 경영의 성과를 파악했고, 수익성은 현재 성과의 효율성 측면(ROI) 등의 개념을 사용했다. 또한 2차 자료가 1차 자료(재무적 지표)보다 타당성이나 신뢰성이 높은가에 대한 기존 연구의 결과는 일치하고 있지 않다. 단순히 재무적 지표만 가지고 기업 성과를 측정할 수도 있지만, 응답자의 기업 성과에 대한 인지적 평가를 기업 성과의 측정도구로 대용해도 큰 문제는 없다(Sabherwal 등, 2001).

Kivijarvi와 Saarinen(1995)는 정보기술에 대한 투자와 기업의 성과 간의 연관성은 단기적으로는 나타나지 않을 수 있지만, 궁극적으로는 정보시스템의 성숙을 통하여 기업의 성과에 기여한다고 했다. Mitra와 Chaya(1996)는 정보기술의 투자는 평균생산비용, 총비용, 간접비용의 절감과 연관성이 있음을 발견하였고 중소기업보다 대기업이 매출액 대비 투자율 면에서 높다고 발표하였다.

Chan(1997)은 시장 성장과 수익성의 차원을 시장 성장, 수익성, 제품－서비스 혁신, 기업 평판의 4가지 차원으로 분리했다.

이 밖에 경영성과를 계량적 지표를 이용해 측정을 시도한 연구들도 있다. 그러나 1년 단위의 기업 성과 관련 측정도구를 채택한 연구들은 정보시스템 투자로부터의 경제적 이익을 분석할 때 그 이익이 분명하지 않기 때문에 문제가 발생할 수도 있다(Brown 등, 1995). 만일 경쟁우위를 유지할 수 없었던 기업의 경우 정보기술 투자와 기업 성과 간의 관계를 1년 단위의 데이터만 가지고 분석할 경우 잘못된 결과를 초래할 수도 있다(이건모 등, 2002). 그렇기 때문에 성태경(1998, 2004)의 연구에 따르면 3년간 평균이익 성장률을 이용한다. 이 방법은 전략 관련 연구에서 가장 많이 활용되는 측정치이며, 최고 경영자가 가장 관심을 가지는 측정치이기 때문이다(Sethi 등, 1993).

제4장 **실증연구**

제1절 연구모형과 가설

1. 연구모형

 본 연구의 목적은 이사회의 전략적 IT 의사결정 참여가 조직의 성과에 어떤 영향을 미치는지 알아보기 위함이다. 이를 위해 [그림 4-1]과 같은 연구 모형을 개발하였다.

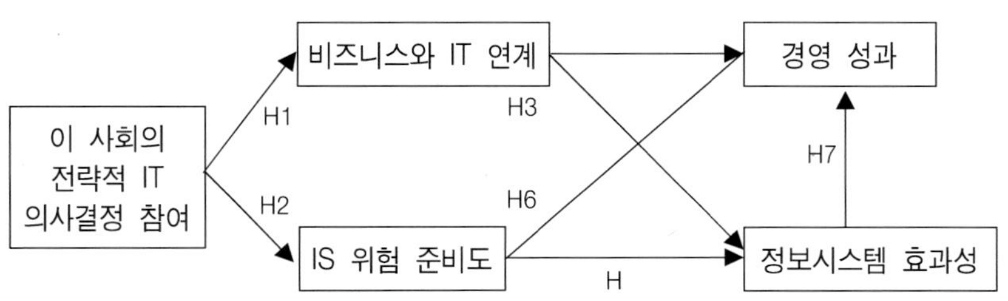

[그림 4-1] 연구모형

본 연구모형의 핵심은 전략적 IT 의사결정에 이사회의 참여가 높을수록 조직의 성과가 높아진다는 것을 증명하고자 하는 것이다. 전략적 선택이론과 대리인 이론의 관점에서 이사회의 전략적 IT 의사결정 참여는 IT 거버넌스 영역인 비즈니스와 IT 연계와 IS 위험 준비도를 매개로 해서 정보시스템 효과성(IS effectiveness)과 경영성과(business performance)에 영향을 준다. 기업 투명성 개선 요구와 IT 위상의 증가로 인해 이사회의 IT 거버넌스에 대한 참여는 필수적이다. 그러나 이사회의 전략적 IT 의사결정에 대한 참여가 조직의 성과에 어떤 영향을 미치는지에 대한 연구는 아직 미미한 실정이다. 따라서 본 연구는 IT 거버넌스에 이사회의 참여가 매우 중요한 문제임을 인식하고 기업의 CIO와 비즈니스 중역들을 대상으로 이를 실증하고자 한다.

2. 연구가설

1) 이사회의 IT 의사결정 참여가 IT 거버넌스 영역에 미치는 영향 가설

이사회가 IT 거버넌스에 관여를 해야 한다고 주장한 연구는 많다 (Alter, 2004; Davenport, 1998; Exler, 2003; Girard, 2002; Grembergen, 2005; ITGI, 2002; Nolan 등, 2005; Posthumusa 등, 2005; Weill, 2004). 즉 Enron 사태로 불거진 기업 지배구조의 투명성 개선에서 비롯된 IT 거버넌스에 대한 관심으로 결국 Sabanes-Oxley 법(2002)

Clinger-Cohen Act, GAAP, International A+ounting Standards 등의 제정과 개정을 통해 이사회의 책임을 강조하고 있는 게 현실이다. 한편으로 이사회의 전략적 IT 의사결정의 참여는 전략적 선택 이론(Andrews, 1986)의 관점에서 재량을 지닌 이사회의 전략적 의사결정 선택에 의해 조직의 성과가 결정(Judge Jr 등, 1992; Pearce II 등, 1991)됨으로 비즈니스와 IT 연계가 중요해지며, 대리인 이론(Jensen 등, 1976)의 관점에서는 주주의 대리인 이사회가 경영진의 태만과 부정행위를 감시(Fama 등, 1983; Karake, 1995; Monks 등, 2001)하기 위해 위험관리의 필요성이 대두되고 있는 상황이다. 그러나 실제로 이사회가 IT 의사결정에 참여할 때 IT 거버넌스 주요 영역과 조직의 성과에 어떤 영향을 미치는지에 대한 실증한 연구는 없는 상황이다. 따라서 본 연구 가설을 통해 이사회가 전략적 IT 의사결정에 참여할 때 비즈니스-IT 연계와 IS 위험 준비도에 어떤 영향을 미치는지를 살펴보고자 한다.

가설 1: 이사회의 전략적 IT 의사결정 참여는 비즈니스와 IT 연계에 긍정적인 영향을 미친다.

이사회의 IT 거버넌스에 대한 책임을 강조한 연구는 많다(ITGI, 2001; Weill 등, 2004). Trites(2004)는 캐나다 정보기술 연합회(ITAC)[8] 가 발간한 관리자에게 이사회가 자신의 책임을 수행하기 위해 "이사회가 IT에 관해 물어봐야 할 20개 질문"이라고 불리는 책자를 중심으로 이사회의 IT에 대한 명시적이고 묵시적인 책임에 대해 밝혔다. 그에 의하면 이사회의 책임은 전략 계획, 내부 통제, 비즈니스 위험으로

---

8) http://www.itac.ca/

나누어지며, 이 모든 책임은 IT를 기반으로 한다고 밝히고 있다.

Read(2004)도 IT 거버넌스에서 IT 운영 위원회의 설치를 통해 이사회가 참여하는 것은 매우 중요하다고 밝히고 있다. 이는 Nolan과 McFarlan(2005)이 이사회에 IT 감시 위원회를 설치하여 IT에 대한 통제를 높이려는 것과 일치하는 주장이다. 그리고 CIO가 이사회에 보고를 하거나 이사회에서 IT가 의제로 다루어지는 정도는 이사회의 IT에 대한 관심을 나타내는 상황이므로 이사회의 관여와 매우 밀접한 관계가 있다. 실제로 나지윤 등(2005)과 임금순 등(2004)에 의하면 국내 기업의 CIO 65.6%가 이사회의 멤버로서 참여하고 있다고 응답을 했고, ITGI(2006b)에 의하면 이사회의 IT 안건 상정의 횟수가 2003년에 비해 2006년이 5% 정도 상승했으며 정보통신과 금융산업이 다른 산업에 비해 활발하게 논의되는 것으로 나타나고 있다. 이는 과거에 비해 IT 위상의 증가를 반영하고 있다는 점을 알 수 있다.

IT 거버넌스 측면에서 이사회는 임무의 범위를 확대해서 전략 방향을 정의하고 목적에 부응하며 위험을 관리하고 자원을 책임 있게 사용해야 하는 것이다(Grembergen, 2005; Nolan 등, 2005). Luftman (2000; 1999b)은 비즈니스-IT 연계의 촉진자로 고위 경영진의 IT 지원, 전략 개발에 IT 참여, IT 부문의 비즈니스 이해, 비즈니스-IT 파트너십, IT 프로젝트의 우선순위 설정, IT의 리더십 발휘라고 했다. ITGI(2001)에 따르면 IT 거버넌스는 이사회와 경영진의 책임이라고 강조하면서 이사회는 IT 전략이 기업 전략과 연계되어 있는지와 IT가 명확한 기대와 측정을 통해 전략에 따라 제 역할을 하는지 확인하며, 기업의 지원과 성장 사이에서 투자가 균형을 이룰 수 있도록 IT 전략을 지시하며 IT 자원의 집중 분야에 대해 충분한 숙고를 거친 후 결정을 내리는 방식으로 기업 연계를 추진해야 한다고 했다. 또한

ITGI(2002)는 이사회 직속의 IT 전략 위원회를 통해 다른 이사회 소속 위원회 및 경영진과 긴밀한 파트너십을 형성해 일함으로써 기업 전략과 IT 전략을 연계시키고 전략 수립에 참여하며 전략을 검토하고 수정할 수 있어야 한다고 주장하고 있다. 이는 Nolan(2005)의 주장과 일치하다. 그도 이사회 직속의 IT 감시 위원회가 있어서 IT 의사결정에 직접 참여해야 한다고 하고 있다. 실제로 Enron의 붕괴와 WorldCom 사기 스캔들은 보고 기준(reporting regulations)을 강화시켰다. 이 규정들은 기업의 이사들이 재무 보고의 정확성에 대한 책임을 지우는 것과 동시에 IT에 대한 보고에 대한 영향을 준다(Bloem 등, 2006). 그렇기 때문에 CFO도 CIO가 제공하는 계량적인 데이터에 엄격한 기준을 들이대는 것이다. Weill & Ross(2004)의 연구에 따르면 IT 거버넌스 성공사례로 언급하고 있는 모토로라의 IT 거버넌스는 본사 차원과 섹터 차원 양쪽 모두에서의 밀접한 IT-현업 관계에 의존한다. 모토로라의 CIO는 중역이면서 경영 이사회와 함께 원칙과 투자에 관한 의사결정에 참가한다. 그리고 CIO에게 보고하는 전사 정보보안 책임자(CISO)는 분기마다 열리는 경영 이사회 미팅에 CIO와 함께 참석한다. 이처럼 이사회가 전략적 IT 의사결정에 적극적으로 개입할수록 기업 전략과 정보시스템 전략이 전략적으로 연계가 되게 된다.

> **가설 2: 이사회의 IT 의사결정 참여는 IS 위험 준비도에 긍정적인 영향을 미친다.**

기업 거버넌스의 핵심은 이사회의 CEO에 대한 감시기능 활성화와 CEO의 성과를 높이기 위한 보상이다(Bloem 등, 2006; Monks 등, 2001). 대리인 이론의 관점에서도 이사회는 CEO와 경영진의 감시를 통해 주주의 가치를 보호해야 한다.

위험 분석은 경영층의 전략적 의사결정에 의한 통제 메커니즘을 조직에 이행하고 유지하는 위험관리의 기초가 된다(Rainer 등, 1991). 과거에는 위험관리를 CIO나 CEO가 통제를 해야 하는 업무로 치부되었지만, IT 위상의 증가에 따른 IT 투자금액의 증가와 기업의 경영진의 부정행위를 통제할 수 있는 수단(샤베인-옥슬리 법안 등)으로 정보시스템의 역할이 중요해짐에 따라 이사회가 위험관리에 적극적으로 참여를 해야 하는 것이다. 즉 기업들의 IT에 대한 의존도가 높아지고 정보기술의 취약성이 노출됨에 따라 IT 인프라 및 정보자산에 대한 위험관리의 중요도가 높아지고 있다. 그렇기 때문에 이사회는 위험의 투명성 확보와 위험 관리의 최종 책임을 지며, 위험 관리를 기업 활동에 포함시키는 방식으로 관리해야 하며, 경영진은 비즈니스 거래를 신뢰할 수 있으며 IT 서비스 이용이 가능하고, 보안과 장애복구가 가능하도록 프로세스, 기술, 보증을 우선하는지 확인해야 한다(ITGI, 2001). 이사들에게 필수적 보안 실천 사항으로는 이사회의 안건에 정보 보안문제를 다루고, 정보 보안 리더를 찾아서 그들에게 책임을 지우는 동시에 지원을 해야 하며, 검토와 승인을 통해 기업의 정보 보안 정책의 효과성을 보장해야 하며, 주요 위원회에 보안 문제를 할당해야 한다는 것이다(ITGI, 2006a). 즉 이사회의 수준에서의 위험 관리는 모든 활동과 규제 대응을 위해 위험 관리 정책의 방향을 제시해야 하는 것이다. 그러나 이사회는 IT 위험을 이해하고 다루는 데 두려워하고 있기 때문에 이사회 직속의 위험 평가 팀이 감시 역할을 할 수 있어야 한다(Nolan 등, 2005; Yates 등, 2004). 효과적인 위험 관리를 위해서는 전사차원의 분석이 선행되어야 하며 이를 바탕으로 사전에 인가된 위험과 취약성을 관리할 수 있는 방안이 마련되어야 한다(ITGI, 2002). 또한 Guldentops(2003)에 따르면 미국과 영국의 인프라스트럭처 보호 최우선 추진과제는 기업 고위임원들의 위험에 대한 인식이다. 실제로 정보시스템과 기술 진보는 기업을 사기(fraud) 같은 새로운 종류의 위험에 노출시킨다(Plavsic 등, 1999). 대표적인 규제로 샤베인-옥슬리 법안과 바젤 II가 있다. 이런 법안은 기업들이 자연스럽게 IT 거버넌스에 대한 관심을 가지게 하는 원인이 되었으며, 이는 기업의 이사회에 대한 관심을 촉발하게 되었다. Trites(2004)도 IT에 대한 이사회의 책임을 강조하면서 기업이 받아들일 수 있는 비즈니스 위험 및 수준을 식별하고 위험을 감시하기 위한 시스템과 활동을 보장해야 한다고 했다.

이처럼 이사회가 전략적 IT 의사결정에 적극적으로 개입할수록 기업의 IS 위험 준비도가 높아질 것이다.

2) IT 거버넌스 영역이 조직의 성과에 미치는 영향 가설

> **가설 3: 비즈니스와 IT 연계는 정보시스템 효과성에 긍정적인 영향을 미친다.**

기업의 전략과 정보시스템의 관계와 경쟁우위의 확보는 과거부터 주요 논쟁거리였다(Chan 등, 1997). 비즈니스와 IT 연계는 정보시스템 성과에 긍정적인 영향을 미친다(Chan 등, 1993; Chan 등, 1997). Chan과 Huff(1993)와 Chan 등(1997)의 연구는 일방 통행식의 정보시스템 전략보다는 전략적 통합이 기업 성과와 정보시스템 효과성에 더 큰 영향을 줌으로써 더 좋은 예측변수가 된다는 것을 보여주었으면 정보시스템 효과성의 매개역할도 확인하였다.

정보시스템 효과성은 조직의 정보기술 능력이나 정보 의사소통을 위해 필요한 기술 등을 조직 내에서 어떻게 활용하느냐와 관련된다 (Sabherwal 등, 1994). 그러므로 정보시스템 효과성은 기업의 정보기술 능력 또는 정보 의사소통을 위한 정보기술의 기업 내 활용 가능 정도, 그리고 개인 및 사업부서에 대한 기여도 등과 관련된 효과로 볼 수 있다. 정보시스템 효과성은 사업수행측면과도 관련되어 있기 때문에 정보시스템의 경제적 이익을 파악해 내기가 매우 어려우므로 정보기술의 평가는 흔히 경쟁 우위의 확보와 밀접한 관련성을 가지게 된다(김용겸 등, 2005). Sbherwal과 Neo(1988)에 따르면 조직의 의사결정을 도와주는 첫 번째 요인으로 사업계획과 정보시스템 계획의 통합을 확인하였는데, 이는 전략적 통합이 의사결정의 향상과 관련된 정보시스템 효과성에 영향을 미칠 수 있음을 시사해 주고 있다. 이처럼 비즈니스와 IT 연계는 기업 전략과 정보시스템 전략을 일치시켜 정보시스템 효과성에 긍정적인 영향을 미칠 것이다.

가설 4: 비즈니스와 IT 연계는 경영 성과에 긍정적인 영향을 미친다.

비즈니스-IT 연계가 잘되면 IT가 비즈니스에 기여하는 가치가 높아진다(Grembergen, 2005; ITGI, 2001). 비즈니스-IT 연계의 중요성은 오래전부터 강조되어 왔다(Burn 등, 2000; Henderson 등, 1993; Luftman, 1996; Luftman 등, 1999a; Luftman 등, 1999b; Peak 등, 2005). 실제로 많은 연구자들이 비즈니스-IT 연계가 조직의 성과에 긍정적인 영향을 줄 거라고 믿고 있다(Chan 등, 1997; Irani, 2002; Lederer 등, 1988).

비즈니스-IT 연계는 IT 미션, 목적, 계획이 비즈니스 미션, 목적, 계획을 지지하고 지지받는 정도를 의미한다. 일반적으로 비즈니스-IT 연계는 조직 성과와 관련이 있다(Chan 등, 1997; Irani, 2002; Lederer 등, 1988). Sabherwal과 Chan(2001)의 연구에서도 비즈니스-IT 연계가 기업 성과와 관련이 있음을 밝히고 있다. 그들은 비즈니스-IT 연계와 지각된 비즈니스 성과와는 유의미한 관계가 있다는 것을 실증했다. Chan 등(2006)도 사기업과 학교기관을 대상으로 한 실증연구에서 비즈니스-IT 연계와 조직의 성과는 정의 관계가 있다는 것을 밝혔다.

Teo와 King(1996)은 정보시스템 계획과 기업 계획의 통합이 기업의 성과에 영향을 준다는 것을 입증하였다. 또한 Chan 등(1997; 2006)은 조직의 성과를 경쟁자와 관련 있는 효과성 혹은 성공으로 간주했다. Lederer와 Mendelow(1988)는 정보시스템과 기업의 전략적 계획이 조직의 목적과 목표를 실현시키기 위한 기업의 능력을 증가시켜야 한다고 주장하고 있다. 중역들이 서로 공헌들의 중요성을 평가하고 이해하며, 정기적으로 의사소통하고, 공유된 목표로 움직일 때, 향상된 관리 산출물을 경험하게 된다. 이런 주장은 연계는 IS의 더욱 집중된 전략적 사용과 향상된 성과로 이르게 된다.

Henderson과 Venkatraman(1993)과 Burn(1996)의 개념 모형을 살펴보면, 정보시스템 전략과 정보시스템 하부구조도 전략적 적합이라는 절차를 적절히 수행해야 기업 성과에 긍정적인 영향을 미칠 수 있다는 점을 강조하고 있다. 이상의 연구결과는 비즈니스-IT 연계가 경영 성과에 긍정적 영향을 미칠 수 있음을 시사해 주고 있다.

가설 5: IS 위험 준비도가 높을수록 정보시스템 효과성에 긍정적인 영향을 미친다.

위험이란 프로젝트의 결과가 하나 이상의 목적을 충족시키지 못하는 바람직하지 못하고 예상하지 못한 사건의 가능성이고(Teneyuca, 2001), 위험 관리란 불특정 사건의 영향을 인식하고 감소시키며, 통제하고 최소화하는 모든 프로세스들을 말한다(Charette, 1996).

IT의 관점에서 위험 관리는 기대되는 IT 산출물로부터 비선호적인 일탈(unfavorable deviation)의 가능성을 확인하고, 평가하며, 감소하거나 제거하는 데 사용되는 시스템적인 접근방법이다(Yates 등, 2004). 기업의 기능들이 점점 더 자동화될수록 효과적인 기술 인프라는 기업이 비즈니스를 수행하는 데 필수적인 요소가 되고 있다(Wah, 1998).

Ropponen과 Lyytinen(1993)에 따르면 프로젝트에 위험 관리를 포함시킴으로써 소프트웨어 위험에 대한 노출을 감소시킬 수 있으면 또한 소프트웨어 품질을 증가시키고 소프트웨어 개발을 향상시킬 수 있다. 즉 정보시스템 위험에 대한 기업의 준비가 높을수록 기대되는 정보시스템 결과물이 산출될 것이다. 위험 분석은 경영층의 전략적 의사결정에 의한 통제 메커니즘을 조직에 이행하고 유지하는 위험관리의 기초가 된다(Rainer 등, 1991). 일반적으로 기업이 정보시스템과 관련되어 직면하는 위험에는 재무위험, 기술위험, 보안위험, 정보위험, 인적 위험, 비즈니스 프로세스 위험, 경영위험, 외부위험이 있다(Smith 등, 2001). 이런 위험들에 대해 미리 준비가 되어 있지 않으면 정보시스템이 조직의 성과에 영향을 주는 조직의 목표를 달성하기 위한 정도가 낮아질 것이다. 이처럼 IS 위험에 대한 체계적인 준비는 정보시스템 효과성에 긍정적인 영향을 미칠 것이다.

가설 6: IS 위험 준비도가 높을수록 경영 성과에 긍정적인 영향을 미친다.

기업은 성장성과 수익성을 기반으로 기업가치를 창출해 나갈 뿐만 아니라 잠재해 있는 위험 관리를 통해서 손실을 최소화함으로써 기업 가치를 창출해 나간다. 그러므로 위험관리는 경영 성과에 직접적인 관련이 있다고 볼 수 있다. 평균 기업의 IT 투자는 연 수익의 4.2%보다 크고, 여전히 증가하는 중이다(Weill, 2004). IT 투자금액의 증가는 기업의 경영 성과에 대한 위협으로 다가온다. 기업이 정보시스템과 관련되어 직면하는 위험에는 재무위험, 기술위험, 보안위험, 정보위험, 인적 위험, 비즈니스 프로세스 위험, 경영위험, 외부위험이 있다(Smith 등, 2001). 실제로 IT의 중요성이 높아짐에 따라 기업이 잘못된 IT 의사결정과 관리로 인해 기업이 도산을 하거나 심각한 경영적 피해를 경험한 사례는 많다(Davenport, 1998; Girard, 2002 2002; Posthumusa 등, 2005). ITGI(2001)에 따르면 IT 거버넌스는 궁극적으로 IT를 통한 비즈니스 가치 전달과 IT 위험 완화라고 보고 있다. 즉 위험 관리를 통해 IT 보안 시스템을 구축하여, 자산을 보호하고 재해 발생 시에 신속하게 복구할 수 있다. 또한 이용자의 개인 정보를 보호하고 시스템 복원력을 증진하다. 이런 위험 관리는 성공적인 IT 거버넌스의 핵심이라고 간주하고 있다(Trites, 2004).

바스프, 지멘스, 시스코, 마이크로소프트 등 초우량 기업들은 핵심 위험 관리를 통해 기업의 가치를 높이려고 하고 있다(최병현, 2004). Enron, WorldCom 등 일류 기업들이 하루아침에 몰락한 것도 기업에 잠재해 있는 위험에 대한 대응이 불충분하였기 때문이다. 그렇기 때문에 기업은 IS 위험의 준비도를 높여야 하는 것이다. 즉 기업이 IS

위험에 처해 그 결과로 보안사고나 경영진의 사기 행위가 발생하면 곧바로 기업의 수익성에 치명적인 손실이 발생하기 때문이다. 이처럼 기업의 IS에 대한 위험 준비는 경영 성과에 긍정적인 영향 미칠 것이다.

3) 조직의 성과에 대한 영향 가설

가설 7: 정보시스템 효과성은 경영성과에 긍정적인 영향을 미친다.
일반적으로 기업 전략에 의한 정보기술에 대한 투자가 이루어지므로, 기업 전략이나 정보시스템 효과성은 기업 성과와 밀접한 관련성을 가지게 된다(이건모 등, 2002).

Floyd와 Wooldrige(1990)의 연구에서는 정보기술의 사용을 의미하는 정보기술의 채택이 자산수익률로 측정한 조직성과에 영향을 미치는 것으로 나타났으며, Weill(1992)의 연구에서는 경쟁우위의 획득은 매출액 증대 등에 기여하는 것으로 나타났다. Sethi 등(1993)의 연구에서도 사용자 만족이나 전략적 공헌과 관련된 정보시스템 효과성이 자기자본 수익률 등의 기업 성과에 영향을 미치는 것으로 나타났다. Raymond 등(1993)은 정교한 정보기술을 가지고 있는 조직이 그렇지 못한 조직보다 조직성과가 높다고 했는데, 이상의 연구결과는 정보시스템 효과성을 통해 기업 성과를 달성할 수 있다는 의미로 해석할 수 있다. 이 외에도 정보시스템 효과성과 기업 성과 사이의 관련성은 다양한 연구에 의해서도 실증되고 강조된 바 있으므로(Chan 등, 1997; Clemons, 1986; Ives 등, 1984; Johnston 등, 1988). 정보시스템 효과성은 기업 성과에 긍정적인 영향을 미치고 있음을 알 수 있다.

제2절   조사설계와 측정도구

1. 주요 변수의 조작적 정의와 측정도구

1) 이사회의 전략적 IT 의사결정 참여

사용자 참여는 사용자에 의해 수행된 행동 혹은 활동들의 집합이고, 사용자 관여는 사용자가 느끼는 대상의 중요성과 개인적 관련성을 반영하는 주관적인 심리 상태로 구분된다(Barki 등, 1989). 이런 차원에서 이사회의 전략적 IT 의사결정 참여는 기업의 전략적 IT 의사결정에 대해 이사회에 의해 수행된 행동 혹은 활동들의 정도라고 조작적 정의를 하였다.

이사회의 전략적 IT 의사결정에 참여를 측정하기 위해 항목은 ITGI(2006b), 임금순 등(2004), 나지윤 등(2005), Trites(2004), Nolan과 McFarlan(2005)의 연구를 참조하여 "이사회가 IT를 안건으로 다루는 정도", "IT 담당 임원의 이사회에 보고 정도", "이사회의 IT 거버넌스 이해도", "이사회 직속의 IT 전략 위원회 활동 정도", "IT 전문지식을 가지고 있는 이사회 멤버 참여 정도" 등을 바탕으로 다음과 같이 5개의 항목을 개발하여 리커트 7점 척도로 측정하였다.

- 이사회 안건으로 IT가 정기적으로 다루어지고 있다.
- IT 담당 임원은 정기적으로 이사회에 보고하고 있다.
- 이사회는 IT 거버넌스에 대해 잘 이해하고 있다.
- 이사회 직속의 IT 전략을 논의하고 있는 위원회가 있다.

● 이사회에 전문적인 IT 지식을 가지고 있는 멤버가 있다.

1) IT 거버넌스 영역

(1) 비즈니스와 IT 연계

많은 학자들이 비즈니스-IT 연계가 기업의 가치를 높이는 데 핵심적인 역할을 한다는 것을 파악하고 이를 측정하고자 했다(Henderson 등, 1993; Luftman, 2000; Luftman 등, 1999b). ITGI(2001)에 따르면 기업의 IT 투자가 기업의 전략적인 목적과 조화를 이루어 비즈니스 가치를 전달하는 데 필요하거나 능력을 구축하는 것이 매우 중요하다고 하면서 이것을 가능하게 하는 것이 바로 연계라고 했다.

나지윤 등(2005)의 국내 기업들의 IT 거버넌스 인식 및 수행 수준에 대한 연구에 의하면 전략적 연계 영역의 경우 국내 CIO들은 IT 전략 계획을 계획대로 이행하는 것이 비즈니스와 IT를 전략적으로 연계시키는 데 있어 중요한 역할을 수행한다고 인식하고 있다.

Bradbent와 Kitzis(2004)에 의하면 혁신적인 CIO 리더들의 IT 전략은 기업에 대한 지식과 비전, 그리고 비즈니스 맥심과 IT 거버넌스에 기초하고 있다.

본 연구에서는 비즈니스-IT 연계를 비즈니스 전략, 목표, 요구기준에 맞추어 적시에 적절한 방법으로 IT를 활용하는 것이라고 조작적 정의하고자 한다. 이를 측정하기 위해 Luftman과 Brier(1999a)의 연구에서 비즈니스-IT 연계의 촉진요인인 "고위 경영진의 IT 지원", "전략 개발에 IT 참여", "IT 부문의 비즈니스 이해", "비즈니스-IT 파트너십", "IT 프로젝트의 우선순위 설정", "IT의 리더십 발휘"

등의 6가지 항목을 가지고 리커트 7점 척도로 측정하고자 한다.

- 고위 경영진은 IT 부문을 지원하고 있다.
- 전략 개발에 IT 부문이 참여하고 있다.
- IT 부문은 비즈니스를 이해하고 있다.
- 비즈니스 관리자와 IT 관리자는 파트너십을 이루고 있다.
- IT 프로젝트의 우선순위가 설정되고 있다.
- IT 부문은 충분히 리더십을 발휘하고 있다.

(2) IS 위험 준비도

IT 위험관리는 기대되는 IT 산출물로부터 비선호적인 일탈(unfavorable deviation)의 가능성을 확인하고, 평가하며, 감소하거나 제거하는 데 사용되는 시스템적인 접근방법이다(Yates 등, 2004). 위험 관리의 목적은 자연재해 같은 외부적 위험과 기술적 실패, 태업, 비인가된 접근 같은 내부적 위험으로부터 IT 자산(데이터, 하드웨어, 소프트웨어, 인력, 설비)을 보호함으로써 이런 위험이 현실화되었을 때 발생하는 비용 손실을 최소화하는 것이다(Bandyopadhyay, 1999). 즉 최고의 보안 측정방법의 조합을 선택하고 구축함으로써 손실을 회피하거나 감소시키는 데 있다(Rainer 등, 1991). 이런 위험 분석은 경영층의 전략적 의사결정에 의한 통제 메커니즘을 조직에 이행하고 유지하는 위험관리의 기초가 된다(Rainer 등, 1991).

IS 위험 준비도는 IT 위험관리에 대한 준비 정도라고 조작적 정의를 내리고 IS 위험 준비도를 측정하기 위해서 Bandyopadhyay(1999), Trites(2004), 나지윤 등(2005), Bradbent와 Kitzis(2004)의 연구를 바탕으로 "경영진의 사전 위험 관리에 대한 인식", "체계적인 위험 관리 프레임워크 사용", "위험에 대한 지속적 감시", "IT 위험 관리와 회사의 위험관리의 통합 정도", "정기적은 위험관리 계획 및 프로세스 운영 정도"의 6가지 항목을 개발하여 리커트 7점 척도로 측정하였다.

- 경영진은 조직의 IT 사용에 대한 위험을 정기적으로 평가하고 있다.
- 경영진들은 사전 위험 관리가 경쟁 우위를 높이고 비용 효율성을 높일 수 있음을 인식하고 있다.
- IT 위험 관리를 위한 체계적인 프레임워크를 가지고 있다.
- IT 위험에 대한 지속적인 감시를 하고 있다.
- IT 위험관리는 회사의 위험관리와 완벽하게 통합되어 있다.
- 정기적으로 갱신되고 테스트 되는 IT 위험 관리 계획 및 프로세스를 운영하고 있다.

2) 조직성과

(1) 정보시스템 효과성

정보시스템 효과성이란 정보시스템이 조직의 성과에 영향을 주는 조직의 목표를 달성하기 위한 정도이다(Hamilton 등, 1981).

정보시스템 효과성은 조직의 정보기술 능력이나 정보 의사소통을 위해 필요한 기술 등을 조직 내에서 어떻게 활용하느냐와 관련된다 (Sabherwal 등, 1994). 그러므로 정보시스템 효과성은 기업의 정보기술 능력, 정보 의사소통을 위한 정보기술의 기업 내 활용 가능 정도, 개인과 사업부서에 대한 기여도 등과 관련된 효과로 볼 수 있다. 본 연구에서는 Chan 등(1997)의 연구에서 사용된 Delone과 McLean(1992)

의 사용자 만족과 조직의 영향을 이용해서 "정보시스템 요인과 서비스에 대한 만족", "정보재에 대한 만족", "최종 사용자의 지식과 관여에 대한 만족", "비즈니스 운영의 효율성에 대한 정보시스템의 기여", "운영 효율성에 대한 정보시스템 기여", "관리 효과성에 대한 정보시스템의 기여", "시장 정보에 대한 정보시스템의 기여", "제품과 서비스의 창출(creation)과 가치증대(enhancement)에 대한 정보시스템의 기여"의 7가지 측정 항목을 통해 리커트 7점 척도로써 측정하였다.

- 정보시스템 요원과 서비스에 만족하고 있다.
- 정보재에 대해 만족하고 있다.
- 최종 사용자 지식과 관여에 만족하고 있다.
- 정보시스템은 비즈니스 운영의 효율성에 기여한다.
- 정보시스템은 관리의 효과성에 기여한다.
- 정보시스템은 시장에 대한 정보(공급자, 소비자 등)에 기여한다.
- 정보시스템은 제품과 서비스의 창출과 가치증대에 기여한다.

(2) 경영 성과

기업 성과는 기업에서 지각한 성장성, 수익성 등과 관련된 개념으로써 이를 달성한 정도로 볼 수 있다(Venkatraman, 1989a). 기업 성과는 시장성장률과 재무적 성과로 측정할 수도 있으며(Weill 등, 1989), 전략 정보시스템에 대한 재무적 성과는 성장성, 수익성, 생산성 등을 사용하여 측정할 수도 있다(Brown 등, 1995).

1년 단위의 기업 성과 관련 측정도구를 채택한 연구들은 정보시스템 투자로부터의 경제적 이익을 분석할 때 그 이익이 분명하지 않기 때문에 문제가 발생할 수도 있다(Brown 등, 1995). 만일 경쟁우위를 유지할 수 없었던 기업의 경우 정보기술 투자와 기업 성과 간의 관계를 1년 단위의 데이터만 가지고 분석할 경우 잘못된 결과를 초래할 수도 있다(이건모 등, 2002). 즉 기업들이 서로 다른 회계처리방법을 채택하고 있기 때문에, 주관적인 성과 측정치가 객관적인 측정치보다 선호되기도 하며 조직 연구에서는 주관적인 측정치가 광범위하게 사용되고 있다(Powell, 1992; Powell 등, 1997).

성태경(1998)의 연구에서도 수익성이나 재무적 비율만 가지고 기업 성과를 특정하는 데에는 한계가 있다는 것을 암시하고 있다. Delone과 McLean(1992)도 정보시스템 혹은 정보기술에 관련하여 이익, 수익, 그리고 각종 재무적인 비율을 가지고 기업의 성과를 측정하기에는 아직 미흡한 상황이어서 많은 연구가 필요하다고 보고 있다. 즉 그들에 따르면 기업의 성과는 하나의 측정치를 적용하기 어려운 다면적을 지닌 개념이라고 보았다.

본 연구에서는 경영성과를 기업에서 지각한 성장성, 수익성과 관련된 개념으로써 이를 달성한 정도로 조작적 정의를 내렸다. 이를 측정하기 위해서 응답자가 주관적으로 느끼는 인지적 경영 성과로 측정했다. 많은 선행연구에서 채택되었던 Venkatraman(1989b)의 연구를 이용해서 "경쟁기업과 관련된 매출액 증가 위치", "매출액 증가율에 대한 만족", "경쟁기업과 관련된 시장 점유율 증가", "ROI에 대한 만족", "경쟁기업과 관련된 순이익 위치", "경쟁기업과 관련된 ROI 위치", "매출 이익률(Return on sales)에 대한 만족", "경쟁기업과 관련한 재무 유동성 위치"의 8가지 측정 항목을 통해 리커트형 7점 척도로 경쟁기업과 비교해서 상대적으로 경영성과를 측정하였다.

- 경쟁기업들과 비교할 때 기업의 매출액 증가율의 위치는 어떠한가?

- 기업의 매출액 증가율에 대한 만족은 어떠한가?
- 경쟁기업들과 비교할 때 기업의 시장 점유 증가율은 어떠한가?
- 기업의 투자이익률(ROI)에 대한 만족은 어떠한가?
- 경쟁기업들과 비교할 때 기업의 순 이익률의 위치는 어떠한가?
- 경쟁기업들과 비교할 때 기업의 투자 이익률(ROI)의 위치는 어떠한가?
- 기업의 매출 이익률(Return on sales)에 대한 만족은 어떠한가?
- 경쟁기업들과 비교해서 기업의 재무 유동성의 위치는 어떠한가?

[표 4-1] 이론 변수의 조작화와 측정변수

이론 변수	조작적 정의	관련 연구
	측정 항목	
이사회의 전략적 IT의사결정 참여 (Board)	기업의 전략적 IT 의사결정에 대해 이사회에 의해 수행된 행동 혹은 활동들의 정도	ITGI(2006b) 임금순 등(2004) 나지윤 등(2005) Read(2004) Nolan과 McFarlan(2005)
	-이사회 안건으로 IT가 정기적으로 논의됨 -IT 담당 임원의 정기적인 이사회 보고. -이사회의 IT 거버넌스에 대해 이해 -이사회 직속의 IT 위원회의 활동 -IT 전문가의 이사회 멤버 참여 정도	
비즈니스- IT 연계 (BizIT)	비즈니스 전략, 목표, 요구 기준에 맞추어 적시에 적절한 방법으로 IT를 활용하는 것	Luftman과 Brier(1999a)
	-고위 경영진의 IT 지원 -전략 개발에 IT 참여 -IT 부문의 비즈니스 이해 -비즈니스-IT 파트너십 -IT 프로젝트의 우선순위 설정 -T의 리더십 발휘	

이론 변수	조작적 정의	관련 연구
	측정 항목	
IS 위험 준비도 (RISK)	IT 위험관리에 대한 준비 정도	Trites(2004) 나지윤 등(2005) Bradbent와 Kitzis(2004)
	−IT 사용에 대한 위험을 정기적으로 평가 −경영진의 사전 위험 관리에 대한 인식 −체계적인 위험 관리 프레임워크 사용 −위험에 대한 지속적 감시 −IT 위험 관리와 회사의 위험관리의 통합 정도 −정기적은 위험관리 계획 및 프로세스 운영 정도	
정보시스템 효과성 (ISE)	정보시스템이 조직의 성과에 영향을 주는 조직의 목표를 달성하기 위한 정도(Hamilton과 Chervany, 1981)	Chan 등(1997)
	−정보시스템 요원과 서비스에 대한 만족 −정보재에 대한 만족 −최종 사용자 지식과 관여에 대한 만족 −운영의 효율성에 대한 정보시스템의 기여 −관리 효과성에 대한 정보시스템의 기여 −시장에 대한 정보(공급자, 소비자 등)에 대한 정보시스템의 기여 −제품과 서비스의 창출과 가치증대에 대한 정보시스템의 기여	
경영성과 (PERF)	기업에서 지각한 성장성, 수익성과 관련된 개념으로써 이를 달성한 정도	Venkatraman (1989b)
	−경쟁기업과 관련하여 매출액 증가 위치 −매출액 증가에 대한 만족 −경쟁기업과 관련한 시장 점유율 증가 −ROI에 대한 만족 −경쟁기업과 관련한 순이익 위치 −경쟁기업과 관련된 ROI 위치 −Return on sales에 대한 만족 −경쟁기업과 관련한 재무 유동성 위치	

제3절 조사 대상과 자료수집 방법

1. 조사 대상

　본 연구의 주요 목적인 이사회가 전략적인 IT 의사결정에 참여할 때, 조직의 성과에 미치는 요인을 고찰하는 데 있다. 따라서 실증 연구를 위한 조사대상 기업을 소기업이나 중소기업보다는 상대적으로 IT 의사결정의 권한과 책임이 명확한 중견기업이나 대기업을 대상으로 하고자 한다. IT 거버넌스에 대한 주요 이해관계자는 CIO와 비즈니스 중역들을 대상으로 하고자 한다. 이들을 대상으로 하는 이유는 기업의 이사회의 현황과 전반적인 상황에 기본적인 지식을 소유하고 있기 때문이다. 또한 기업의 정보시스템 효과성에 대한 질문의 신뢰성을 높이기 위해 CIO와 비즈니스 중역 2명을 대상으로 조사를 진행했다.

2. 자료수집

　본 연구의 가설을 검증하기 위해서 설문조사를 실시할 예정이다. 본 연구를 위한 설문 항목들은 기존 문헌에서 사용된 내용을 주로 본 연구의 목적에 맞게 수정 및 개발하였고, 설문 항목의 선별 및 정교화를 위하여 서울대학교 경영대학 정보시스템 전공 박사 과정

학생들과의 토의를 진행하였다.

설문조사는 서울대학교 경영대학 AMP(최고경영자과정) 62기 교육생 70명, AMP 수료생 200명, 매경 매출액 순위 1000대 기업의 CEO 1000명, CIO 포럼 회원사의 CIO 300명을 대상으로 설문지 직접 배포(70부), 우편 조사(1200부), e메일(200부) 조사가 진행되었다. 총 1470부의 설문지가 배포가 10월 23일부터 11월 31일까지 진행이 되었다. 각 설문지는 기업을 대상으로 하기 때문에 비즈니스 중역용 2부와 CIO용 1부가 포함이 되었다. 물론 설문 항목은 모두 같으나 응답자의 대상을 명확히 하기 위함이었다. 모든 설문지는 3부를 기본으로 발송이 되었고, 특히 매경 1000대 기업은 대표이사에게 직접 발송을 했다. 설문 회수율을 높이기 위해 지도교수 명의로 성실한 응답을 위한 당부하는 형식의 안내장도 같이 발송을 했다. 또한 CIO 포럼에게 발송한 e메일은 지도교수가 직접 설문응답을 당부하는 내용으로 메일을 발송했다. 설문회수는 대부분이 팩스를 통해 회수를 했고 나머지는 직접 회수, 우편, e메일을 통해 회수를 했다.

1) 표본의 구성

배포한 설문지 중에 회수된 설문지는 12월 1일까지 총 285부로 파악되었고, 이 중에서 유효한 설문지는 271부로 나타났다. 이것을 기업별로 분석한 결과 총 110개 기업에서 최소 1부 이상을 보내 준 것으로 파악되었다. 유효하지 않는 설문지 14부는 대부분이 설문지가 팩스로 전송도중에 문제가 생겨 페이지가 생략되어서 도착한 경우와 설문 응답자가 중역이 아니라 사원인 경우에서 비롯되었다. 유효한 설문지가 많은 이유는 설문에 응답한 사람들이 아니라 기업의 중역들이기 때문에 일반인들보다는 자발적인 의지가 많았기 때문이라고 보인다. 또한 기업의 대표이사에게 설문지를 보내서 해당 담당자에게 송부를 부탁한 것도 유효한 응답이 많았던 이유인 것으로 보인다.

응답자 중에서 CIO는 105명(38.7%)과 비즈니스 중역은 166명(61.3%)으로 나타났다. 비즈니스 중역이 많은 이유는 설문을 한 기업당 CIO 1인과 비즈니스 중역 2명에게 요구를 했기 때문이다.

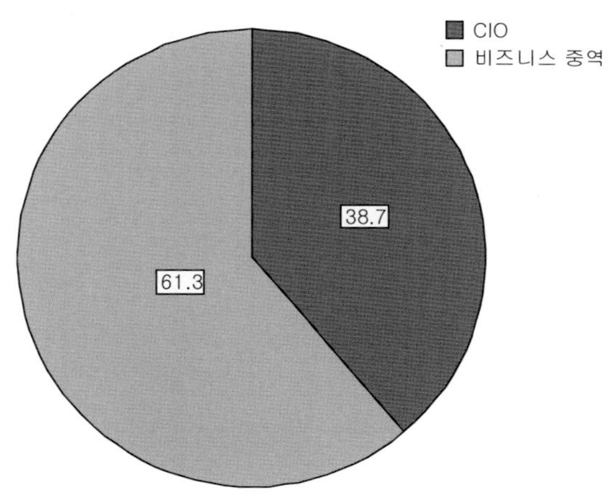

[그림 4-1] CIO / 비즈니스 중역의 비율

응답자의 IT 거버넌스에 대한 익숙한 정도에 대한 응답에 [그림 4-2]와 같이 나타났다. 응답자의 대부분(80%)이 IT 거버넌스에 대해 보통 이상의 지식을 가지고 있는 것으로 나타났다.

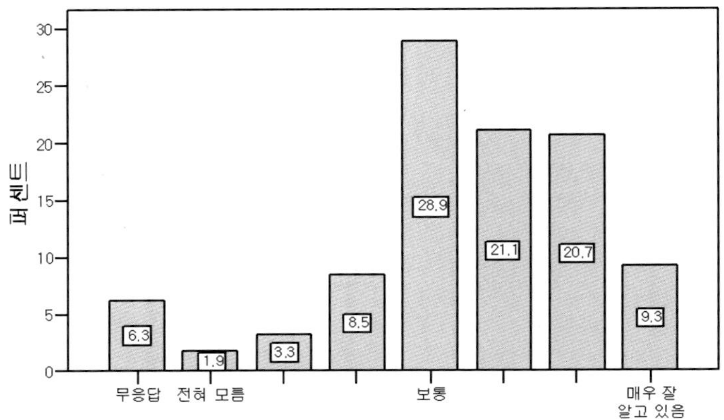

[그림 4-2] IT 거버넌스에 대한 얼마나 잘 알고 있느냐에 대한 응답

응답기업의 표준산업분류표에 따른 현황은 [표 4-2]와 같다. 대부분이 제조업, 건설업, 금융 및 보험업, 사업서비스업 등으로 나타나고 있다. 또한 응답기업 중 85개(77%)가 종업원 수 300인 이상의 기업이었고 나머지 25개(23%)가 300인 미만의 기업으로 나타났다.

[표 4-2] 응답기업의 분류

산업구분	빈도	퍼센트
제조업	37	33.6
건설업	17	15.5
금융 및 보험업	15	13.6
사업서비스업	14	12.7
도매 및 소매업	7	6.4
전기, 가시 및 수도사업	6	5.5
운수업	5	4.5
통신업	3	2.7
숙박 및 음식점업	2	1.8
오락, 문화 및 운동관련 서비스업	2	1.8
교육 서비스업	1	0.9
무응답	1	0.9
합계	110	100.0

응답 기업의 이사회 현황은 [표 4-3]과 같다. 응답기업 97개의 평균 이사회 규모는 7.96명으로 나타났고 사내이사비율은 69%로 파악되었다.

[표 4-3] 응답기업의 이사회 규모

	응답기업 수	최솟값	최댓값	평균	표준편차
이사회규모	97	3.00	35.00	7.9691	5.44758
사내이사비율	95	12.50	100.00	69.0018	26.10470

응답 기업들의 매출액 대비 IT 투자 비율(%)은 [표 4-4]와 같다. 2004년은 1.31%, 2005년 1.39%, 2006년 1.56%로 해마다 IT 투자비율이 높아지는 것으로 나타났다. 참고로 일부 기업들의 응답자들은 정확한 IT 투자에 대한 객관적 지표가 부족하다는 반응을 전화로 연락을 해오기도 했다. 특히 이 설문에 대한 응답을 하지 않는 응답자가 많은 것으로 파악되었다.

[표 4-4] 매출액 대비 IT 투자비율

	응답기업 수	최솟값	최댓값	평균	표준편차
2004년	90	0.01	8.90	1.3152	1.61813
2005년	91	0.10	8.00	1.3985	1.57637
2006년(추정)	93	0.10	10.00	1.5625	1.86176

3. 측정항목의 평가와 가설 검증

1) 기본 통계

전체 271명의 응답자의 설문에 대한 기술 통계량 결과는 [표 4-5]와 같다.

응답자 전체의 평균(표준표차)은 이사회의 전략적 IT 의사결정에 참여가 3.547(1.395), 비즈니스-IT 연계가 5.198(1.036), IS 위험 준비도가 4.673(1.174), 정보시스템 효과성이 5.180(0.952), 경영성과가 4.704(1.063)로 나타났다. 다른 요인에 비해 이사회의 전략적 IT 의사결정의 참여가 저조하다는 것을 알 수 있다. 그만큼 기업에서 IT에 대한 의사결정에 상대적으로 소홀하다는 것은 알 수 있다. 또한 IT 거버넌스의 중요한 요인인 비즈니스-IT 연계와 IS 위험 준비도 중에서 IS 위험 준비도가 상대적으로 낮다고 인식하고 있는 것으로 나타났다. 특히 우리나라 중역들의 본인이 속한 기업의 경영성과를 보통보다 조금 높다고 판단하는 것으로 나타났다.

[표 4-5] 응답자 전체의 기술통계 결과

요 인	표본 수	평 균	표준편차	분 산
이사회의 전략적 IT의사결정 참여	271	3.5469	1.39496	1.946
비즈니스-IT 연계	271	5.1984	1.03647	1.074
IS 위험 준비도	271	4.6733	1.17444	1.379
IS 효과성	271	5.1804	0.95207	0.906
경영성과	271	4.7035	1.06337	1.131
유효 수	271			

CIO와 비즈니스 중역들의 기술통계 결과는 [표 4-6]과 같다.

[표 4-6] CIO와 비즈니스 중역들의 기술 통계 결과

	구 분	표본 수	평 균	표준편차	표준오차
이사회의 전략적 IT의사결정 참여	CIO	105	3.4705	1.31207	0.12804
	BIZ 중역	166	3.5791	1.45477	0.11395
비즈니스-IT 연계	CIO	105	5.2104	1.03800	0.10130
	BIZ 중역	166	5.1902	1.04677	0.08199
IS 위험 준비도	CIO	105	4.7255	1.08128	0.10552
	BIZ 중역	166	4.6480	1.23871	0.09702
IS 효과성	CIO	105	5.1483	1.01131	0.09869
	BIZ 중역	166	5.2245	0.90550	0.07092
경영성과	CIO	105	4.7133	1.09414	0.10678
	BIZ 중역	166	4.6871	1.05110	0.08233

모델의 신뢰성과 타당성을 확보하기 전에 CIO와 비즈니스 중역들의 응답 차이가 있는가를 검증하기 위해 독립표본 T-검증을 실시했다.

[그림 4-3]과 같이 분석결과 모든 항목에서 유의 수준이 크므로 5% 유의수준에서 두 집단 간의 평균의 차이는 통계적으로 유의하지 않다고 해석할 수 있다.

이를 보아 실제로 CIO와 비즈니스 중역들이 판단하는 기업의 다양한 요인에 대한 인식 차이는 없는 것으로 나왔다. 즉 정보기술과 커뮤니케이션 기술의 발달로 인해 기업의 모든 정보는 과거와 달리 공유가 되어 있을 뿐만 아니라 비즈니스 관리자들도 IT에 대한 중요성을 인식하고 있는 것으로 나타났다. 또한 응답자가 모두 이사급을 대상으로 행해졌기 때문에 회사의 상황에 대해 상당한 지식을 가지고 있음으로 판단된다. 이는 앞선 [그림 4-2]처럼 응답자의 IT 거버넌스에 대한 얼마나 잘 알고 있느냐에 대한 질문에 응답자의 80%가 보통 이상이라고 답한 것과 무관하지 않음을 알 수 있다.

	vene의 등분산 검정		평균의 동일성에 대한 t-검정					차이의 95% 신뢰구간	
	F	유의확률	t	자유도	유의확률 (양쪽)	평균차	차이의 표준오차	하한	상한
Board 등분산이 가정됨	.862	.354	-.722	269	.471	-.12532	.17359	-.46708	.21644
등분산이 가정되지 않음			-.737	236.358	.462	-.12532	.16999	-.46021	.20956
BizIT 등분산이 가정됨	.541	.463	.152	269	.880	.01963	.12947	-.23527	.27454
등분산이 가정되지 않음			.152	221.446	.880	.01963	.12946	-.23549	.27476
Risk 등분산이 가정됨	1.691	.195	.581	269	.562	.08522	.14662	-.20345	.37390
등분산이 가정되지 않음			.599	242.030	.550	.08522	.14239	-.19526	.36570
ISE 등분산이 가정됨	.982	.323	-.441	269	.660	-.05238	.11889	-.28646	.18170
등분산이 가정되지 않음			-.431	204.978	.667	-.05238	.12160	-.29212	.18737
Perf 등분산이 가정됨	.122	.727	.165	269	.869	.02181	.13207	-.23821	.28183
등분산이 가정되지 않음			.164	214.807	.870	.02181	.13326	-.24085	.28447

[그림 4-3] 독립표본 T 검정

2) 통계적 분석 방법의 선택

설정한 이론적 연구모형과 제 연구가설을 검증하기 위하여 본 연구에서는 PLS(partial least square) 방법론을 이용하기로 하였다. 자료분석 프로그램은 PLS Graph Version 3.0이다. PLS는 구조방정식 모형의 한 방법으로 다층적 구조로 된 다수의 변수를 포함한 이론적인 이론모델과 측정모델의 적합성을 함께 분석할 수 있는 분석방법으로, 근래에 들어 경영정보학 분야 연구의 연구방법론으로 널리 사용되고 있다(김종욱 등, 2004; Chin 등, 1995). 1994년부터 1997년까지 Information & Management, Information Systems Research, MIS Quarterly에서 구조 방정식 모델을 사용한 연구들 중에서 PLS를 사용한 결과가 39%, LISREL을 사용한 경우가 39%, 기타 AMOS나 EQUS를 사용한 경우가 22%로 나타남으로써 PLS는 MIS 분야에서 널리 사용되는 구조방정식 방법이다(Gefen 등, 2000).

LISREL과 PLS 같은 구조 방정식 기법은 IS 연구가 높은 품질의 통계 분석을 위한 인식된 표준에 부합하는 정도를 검사하는 데 사용될 수 있는 2세대 데이터 분석 기법이다(Bagozzi 등, 1982). 회귀분석 같은 1세대 데이터 분석 기법에 비해 구조 방정식은 연구자가 단일, 계통적(systematic), 포괄적인(comprehensive) 분석에서 상호 연관된 연구 질문들에 답변할 수 있다.

PLS에 기반을 둔 구조 방정식 방법이 기존의 공분산에 기반을 둔 구조 방정식과 다른 점은 다음과 같다.

첫째, LISREL과 AMOS의 기반이 되는 공분산 기반의 구조방정식은 잠재 변수(latent variable)와 측정 항목(indicator; measure item)의 관계 분석 시 요인 분석법을 사용하지만 PLS는 주요인 분석법을 사용함으로써 기존의 구조방정식 방법의 큰 제약으로 알려져 있는 수집된 자료의 정규분포에 대한 엄격한 가정으로부터 자유롭다는 점이다.

둘째, 기존의 구조 방정식은 측정 모형과 이론 모형이 얼마나 일치하고 있는지를 분석하여 모델의 적합성을 추정하는 것을 주목적으로 하지만, PLS는 모델의 적합도가 아니라 독립변수들이 종속변수를 얼마나 잘 예측해 주는지를 나타내 주는 R^2값을 도출하는 것을 주목적으로 한다.

셋째, 기존의 구조 방정식 방법들은 분석을 위해서는 최소 200개 이상의 자료를 수집해야 하는 데 비해, PLS는 표본수의 제한에 있어 다른 통계 분석 방법보다 상대적으로 관대하다. 이 점은 PLS가 가진 잔차 분포에 대한 관대함과 함께 PLS의 가장 주목할 만한 강점이라 할 수 있다. 즉 공분산 분석 모델은 잠재변수와 측정 항목의 관계 분석 시 요인 분석법을 이용하는 데 반해, PLS는 주요인 분석법을 사용함으로써 기존의 구조방정식 방법의 큰 제약으로 알려져 있는 수집된 자료의 정규분포에 대한 엄격한 가정으로부터 자유롭다.

PLS에서 분석에 요구되는 최소한의 표본 수는 가장 많은 측정항목을 가진 변수의 측정 항목 수의 10배를 초과해야 하고, 가장 많은 선행경로를 가진 변수의 선행경로 수의 10배를 초과해야 하는 두 조건을 모두 충족해야 한다(Tabachnick 등, 2001). 위의 조건을 고려하면 본 연구의 경우에는 최소 요구 자료 수는 80개 이상이면 충분하다.

통계기술적인 측면에서 PLS는 주성분 요인분석, 경로분석, 그리고 회귀분석을 함께 사용하는 통계분석방법이다(Wold, 1985). 따라서 측정항목의 적재치는 주성분 요인분석의 적재치와 같은 방법으로 해석되며, 모델의 경로는 회귀분석의 표준회귀계수와 같이 해석된다.

PLS는 구조모델의 측정모델을 함께 분석할 수 있다는 점에서 LISREL과 비슷하나, LISREL과 다른 점은 보통 최소 제곱 추정방식을 이용하여 분석하며, 결과 해석방법에 있어서도 CR(composite reliability) 계수, R^2를 사용하는 등 LISREL 방식과 다소 차이가 있다. 특히, PLS의 강점은 변수 간의 관계에 대한 이해뿐만 아니라, 변수 값에 대한 예측을 허용한다는 점이다(Tobias, 1999).

LISREL 등 기존의 다른 공분산 구조방정식 분석법과 PLS와의 차이 중 하나는 LIREL은 관측된 공분산 행렬에 가장 근접한 공분산 행렬과 상관되는 파라미터를 찾기 위해 파라미터 평가 절차를 이용하는 반면, PLS는 내생변수의 오차를 최소화하는 것을 목적으로 한다. 따라서 PLS를 이용한 통계 분석 방법에서는 일반적으로 모델의 적합도를 사용하지 않는다.

PLS는 표본의 분포가 비정규적인 경우의 문제와 측정 척도와 관련하여 발생하는 문제들의 해결 방법을 제공할 수 있으며(Wold, 1985), 컴포넌트 기반 PLS는 구조방정식 모형에 있어서의 두 가지 중요한 문제, 허용 불가능 솔루션과 요인 비결정성을 해결하는 방법을 제시하고 있다(Fornell 등, 1982).

3) 연구변수의 신뢰성과 타당성 분석

PLS를 이용한 자료분석은 구조모델 분석과 측정 모델 분석의 두 단계로 구성되어 있다(Fornell 등, 1981). 구조 모델 분석은 측정 도구의 내적 일관성을 살펴보는 것이고 측정 모델 분석은 각 항목의 신뢰도를 살펴보는 것이다. 측정 도구의 내적 일관성, 즉 신뢰도를 검증하기 위해 본 연구에서는 Cronbach's α 값과 구성 개념 신뢰도(composite reliability)를 조사했다.

Cronbach's α 값은 [표 4 – 7]과 같이 나타났다.

[표 4-7] 신뢰도 측정: 각 잠재 변수의 Cronbach's α 값과 삭제 시 α 값

잠재변수	측정 항목	항목이 삭제된 경우 Cronbach's α	잠재변수	측정 항목	항목이 삭제된 경우 Cronbach's α
이사회의 전략적 IT의사결정 참여 (α =0.897)	Board1	0.856	IS 효과성 (α =0.952)	ISE1	0.947
	Board2	0.853		ISE2	0.943
	Board3	0.878		ISE3	0.945
	Board4	0.885		ISE4	0.941
	Board5	0.900		ISE5	0.942
비즈니스-IT 연계 (α =0.932)	BizIT1	0.931		ISE6	0.948
	BizIT2	0.919		ISE7	0.945
	BizIT3	0.914	경영성과 (α =0.941)	Perf1	0.934
	BizIT4	0.914		Perf2	0.935
	BizIT5	0.931		Perf3	0.937
	BizIT6	0.918		Perf4	0.926
IS 위험 준비도 (α =0.950)	Risk1	0.943		Perf5	0.929
	Risk2	0.956		Perf6	0.926
	Risk3	0.934		Perf7	0.930
	Risk4	0.933		Perf8	0.942
	Risk5	0.938			
	Risk6	0.935			

[표 4-7]에서 나타난 것처럼 모든 요인의 Cronbach's α 값 >0.7 로써 문제가 없는 것을 알 수 있다.

Cronbach's α 값에 대한 검증 후, 구성 개념 신뢰도(composite reliability)를 조사했다. 구성 개념 신뢰도는 0.7 이상이면 해당 변수가 구조 모델 연구에 사용될 수 있음을 나타낸다(Fornell 등, 1981; Hulland, 1999).

본 연구의 경우 자료분석결과 모든 측정변수의 Cronbach's α 값과 복합신뢰도가 0.7 이상으로 나타남에 따라 각 변수의 집중타당성이

충분히 있는 것으로 판명되었다. 측정모델의 평가에 있어서 각 항목의 신뢰도는 측정항목 각각의 적재치에 의해 평가된다.

수렴 타당성(convergent validity)과 판별 타당성(discriminant validity)을 수행했다. 수렴 타당성이란 동일한 개념을 측정하기 위해서 아주 다른 두 가지 측정방법을 개발하고 이에 의하여 얻어진 측정치들 간에 높은 상관관계가 존재하는 것을 의미하고, 판별 타당성이란 서로 다른 개념을 측정했을 때 얻어진 측정치 간에는 상관관계가 낮아야 한다는 것을 의미한다.

요인 적재량(factor loading)이 0.7 이상이면 수렴 타당성이 있는 것으로 보았으며(Nunnally, 1978), 다른 요인들과의 적재량 비교를 통하여 판별 타당성을 검증하였다.

변수의 판별타당성은 측정오차에 기인한 분산에 대비한 속성의 분산 정도를 나타내는 추출된 평균분산 값(AVE)을 이용하여 확인할 수 있다(Werts 등, 1974). 즉 개념들 간의 상관계수가 개념에 내재된 분산추출 값보다 낮으면 판별타당성을 확보한 것이다.

각 변수의 AVE 값을 계산하면 다음과 같다. AVE 값의 판별 기준은 0.5 이상이어야 하며, 이는 한 측정항목의 50% 이상의 분산이 해당 항목이 속한 변수에 의해서 설명되고 있음을 의미한다(Fornell 등, 1981). 즉 항목들이 공유하고 있는 분산의 크기를 의미한다. 이에 따른 분석결과는 [표 4-8]과 같다. 본 연구에서 사용된 측정항목들이 충분히 신뢰할 만하고, 각각의 항목들이 연구목적에 부합함을 알 수 있다.

[표 4-8] 요인적재치, 복합신뢰도, AVE 값

잠재변수	측정항목	요인적재치	복합신뢰도[1]	AVE[2]
이사회의 전략적 IT 의사결정 참여 (Board)	Board1	0.9016	0.927	0.718
	Board2	0.9041		
	Board3	0.8567		
	Board4	0.7841		
	Board5	0.7804		
비즈니스-IT 연계 (BizIT)	BizIT1	0.8012	0.947	0.750
	BizIT2	0.8798		
	BizIT3	0.8964		
	BizIT4	0.8907		
	BizIT5	0.8463		
	BizIT6	0.8776		
IS 위험 준비도 (RISK)	Risk1	0.8844	0.960	0.801
	Risk2	0.7915		
	Risk3	0.9263		
	Risk4	0.9302		
	Risk5	0.9015		
	Risk6	0.9279		
정보시스템 효과성 (ISE)	ISE1	0.8549	0.962	0.784
	ISE2	0.8974		
	ISE3	0.8819		
	ISE4	0.9173		
	ISE5	0.9102		
	ISE6	0.8502		
	ISE7	0.8835		
경영성과 (Perf)	Perf1	0.8079	0.744	0.710
	Perf2	0.8152		
	Perf3	0.7763		
	Perf4	0.9128		
	Perf5	0.8929		
	Perf6	0.9153		
	Perf7	0.8718		
	Perf8	0.7301		

1) $CR = (\sum \lambda_i)^2 / [\,(\sum \lambda_i)^2 + \sum i\, \mathrm{var}(\varepsilon_i)\,]$

2) $AVE = \sum \lambda_i^2 / [\,\sum \lambda_i^2 + \sum i\, \mathrm{var}(\varepsilon_i)\,]$

(λ_i은 각 측정항목의 적재치를 나타내며, $\mathrm{var}(\varepsilon_i) = 1 - \lambda_i^2$임)

또한 PLS를 이용한 분석에서 구조모델의 판별타당성은 측정항목의 분산이 관련되지 않은 변수의 분산보다 관련된 분산에 더 연관이 있음을 보여줌으로써 나타낼 수 있다. 이러한 판별타당성은 [표 4-9]에서와 같이 변수 간의 상관계수와 AVE를 동시에 나타내는 상관계수 행렬을 이용하여 확인할 수 있다. 구조모델의 판별타당성은 [표 4-9]의 대각선에 표기된 각 변수의 AVE의 제곱근이 그 값의 좌측과 하단에 표기된 각 변수 간의 상관계수 값보다 클 때 존재한다(Fornell 등, 1981).

따라서 본 연구에서는 모든 변수의 AVE의 제곱근이 모든 변수 간의 상관계수보다 크므로 변수 간의 판별 타당성이 존재하는 것으로 나타났다.

[표 4-9] 상관관계와 AVE의 제곱근

	board	BizIT	Risk	ISE	Perf
board	0.847				
BizIT	0.472	0.866			
Risk	0.556	0.808	0.895		
ISE	0.351	0.799	0.742	0.885	
Perf	0.371	0.325	0.282	0.383	0.843

4. 가설 검증 결과

구조모델의 검증은 경로경수의 크기, 부호, 통계적 유의성, 선행변수들로 설명되는 최종 종속변수의 분산 값(R^2) 등으로 측정한다.

본 연구에서 설정한 이론적 모형을 PLS 자료 분석 프로그램(PLS Graph 3.0)을 이용하여 연구모델을 검증한 결과 [그림 4-4]와 같이 나타났다.

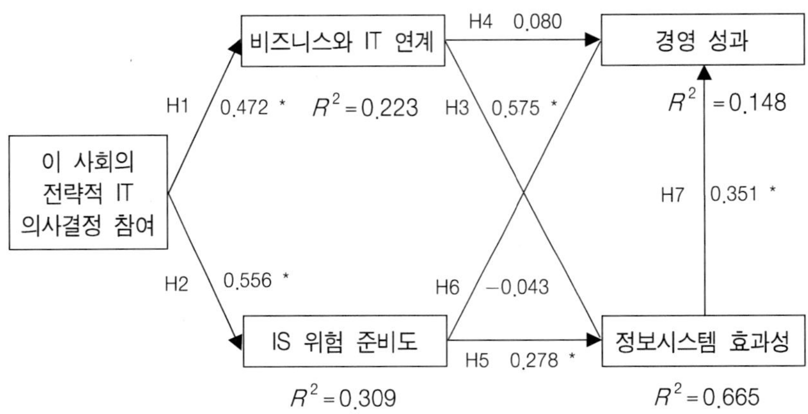

[그림 4-4] 연구모델 분석 결과

본 연구에서 모든 선행 변수에 의해 설명되는 최종 종속변수인 경영 성과는 R^2값이 14.8%로 나타났으며, 비즈니스와 IT 연계는 22.3%, IS 위험 준비도는 30.9%, 정보시스템 효과성은 66.5%로 나타났다. 특히 최종 종속변수인 경영성과의 R^2값이 14.8%로 나타난 것은 기업의 경영성과에 영향을 미치는 요인은 IT 말고도 다른 요인들이 많기 때문인 것으로 판단할 때 적절하다고 볼 수 있다. 즉 이 사회가 전략적 IT 의사결정에 참여하는 것은 비즈니스-IT 연계와 IS 위험 준비도에 영향을 미치고 이들은 다시 정보시스템 효과성에 영향을 주는 방식으로 경영성과에 영향을 미치는 것이다. 본 연구에서 제안한 비즈니스-IT 연계와 IS 위험 준비도는 정보시스템 효과성을 66.5% 수준에서 설명하는 것으로 나타났다. 또한 이들 중에서 비즈니스-IT 연계의 경로계수가 0.575로 가장 높게 나타났다. 정보시스템 효과성은 경영 성과를 14.8% 수준에서 설명하는 것으로 나타났다. IS 위험 준비도와 정보시스템 효과성 사이의 경로계수는 0.278로 가장 낮은 것으로 나왔다. 이는 아직까지 기업들이 IS 위험 준비도에 취약하다는 점을 나타내고 있다.

연구모형의 검증 결과에서 나타난 바와 같이 PLS의 경로계수는 표준회귀계수로 나타낸다. 본 연구에서 설정한 7개의 가설을 PLS를 이용하여 검증한 결과를 요약하면 [표 4-10]과 같다. 가설 1, 가설 2, 가설 3, 가설 5, 가설 7의 네 가지 가설은 가설이 통계적으로 유의하게 나타나 이들 가설이 채택되었으나, 가설 4, 가설 6은 통계적으로 유의하지 못해 가설이 기각되었다.

[표 4-10] 가설 검증 결과

가설	경로명칭	경로계수	수정 t-값	검증결과
H1	이사회의 전략적 IT 의사결정에 참여 → 비즈니스-IT 연계	0.472	7.1496	채택
H2	이사회의 전략적 IT 의사결정에 참여 → IS 위험 준비도	0.556	8.7553	채택
H3	비즈니스-IT 연계 → 정보시스템효과성	0.575	6.2383	채택
H4	비즈니스-IT 연계 → 경영성과	0.080	0.4030	기각
H5	IS 위험 준비도 → 정보시스템효과성	0.278	2.8107	채택
H6	IS 위험 준비도 → 경영성과	−0.043	0.2335	기각
H7	정보시스템효과성 → 경영성과	0.351	2.6372	채택

가설 1: 이사회의 전략적 IT 의사결정 참여는 비즈니스와 IT 연계에 긍정적인 영향을 미친다.

위의 관계를 나타내는 경로계수 값은 0.472(t=7.1496)로 통계적으로 유의하였으며 관계의 방향도 설정된 가설의 방향과 일치하여 가설 1은 채택되었다.

가설 2: 이사회의 IT 의사결정 참여는 IS 위험 준비도에 긍정적인 영향을 미친다.

위의 관계를 나타내는 경로계수 값은 0.556(t=8.7553)로 통계적으로 유의하였으며 관계의 방향도 설정된 가설의 방향과 일치하여 가설 2는 채택되었다.

가설 3: 비즈니스와 IT 연계는 정보시스템 효과성에 긍정적인 영향을 미친다.

위의 관계를 나타내는 경로계수 값은 0.575(t=6.2383)로 통계적으로 유의하였으며 관계의 방향도 설정된 가설의 방향과 일치하여 가설 3은 채택되었다.

가설 4: 비즈니스와 IT 연계는 경영 성과에 긍정적인 영향을 미친다.

위의 관계를 나타내는 경로계수 값은 0.080(t=0.4030)로 통계적으로 유의하지않았기 때문에 가설 4는 기각되었다.

가설 5: IS 위험 준비도가 높을수록 정보시스템 효과성에 긍정적인 영향을 미친다.

위의 관계를 나타내는 경로계수 값은 0.278(t=2.8107)로 통계적으로 유의하였으며 관계의 방향도 설정된 가설의 방향과 일치하여 가설 5는 채택되었다.

가설 6: IS 위험 준비도가 높을수록 경영 성과에 긍정적인 영향을 미친다.

위의 관계를 나타내는 경로계수 값은 0.080(t=0.2335)로 통계적으로 유의하지않았기 때문에 가설 6은 기각되었다.

가설 7: 정보시스템 효과성은 경영성과에 긍정적인 영향을 미친다.

위의 관계를 나타내는 경로계수 값은 0.351(t=2.6372)로 통계적으로 유의하였으며 관계의 방향도 설정된 가설의 방향과 일치하여 가설 7은 채택되었다.

종합해 보면, 7개의 전체 가설 중 5개 가설의 채택이 되었다. 즉 이사회의 전략적 IT 의사결정의 참여가 높을수록 비즈니스-IT 연계와 IS 위험 준비도가 높아지고, 이들은 다시 정보시스템 효과성에 정의 영향을 줘서 결국 기업 성과에 긍정적인 영향을 주는 것으로 나타났다.

5. 실증분석 결과의 요약

가설 검증 결과를 기존 연구결과와 비교해서 해석하면 다음과 같다.

첫째, 이사회의 전략적 IT 의사결정에의 참여가 비즈니스-IT 연계에 유의한 영향을 미칠 것이란 가설 1은 1%에서 유의하게 채택되었다. 이들 사이의 경로계수는 0.472였고, 비즈니스-IT 연계가 이사회의 전략적 IT 의사결정에의 참여에 의해 설명되는 R^2값은 22.3%였다. 이는 이사회의 IT 거버넌스에 대한 책임을 강조한 연구와 그 주장이 일치한다(ITGI, 2001; Trites, 2004; Weill 등, 2004). 즉 Read(2004)와 Nolan과 McFarlan(2005)이 이사회가 IT 위원회의 설치를 통해 전략적 의사결정에 참여해야 한다는 주장과 밀접한 관계가 있다. 즉 이사회의 전략적 IT 의사결정의 참여가 높을수록 비즈니스-IT 연계가 높아지는 것이다(Grembergen, 2005). 이는 많은 기업들이 더 이상 IT 의사결정을 단지 전산부서나 CIO만의 차원이 아니라 이사회에서 적극적으로 관여와 참여를 해야 한다는 것을 의미한다.

둘째, 이사회의 전략적 IT 의사결정에의 참여가 IS 위험 준비도에 유의한 영향을 미칠 것이란 가설 2는 1%에서 유의하게 채택되었다. 경로계수는 0.556였고 IS 위험 준비도가 이사회의 전략적 IT 의사결정에 참여에 의해 설명되는 R^2값은 30.9%였다. 이는 이사회의 전략적 IT 의사결정에 참여는 이사회가 IT 위험에 대해 적극적으로 개입하고 관여를 해야 한다는 것을 의미하기 때문에 IS 위험 준비도가 높아지게 된다. 이사회 수준에서의 위험관리는 모든 활동과 규제 대응을 위해 위험관리 정책의 방향을 제시해야 하는 것이기 때문이다. 효과적인 위험 관리를 위해서는 전사차원의 분석이 선행되어야 하며 이를 바탕으로 사전에 인가된 위험과 취약성을 관리할 수 있는 방안이 마련되어야 한다(ITGI, 2002). 이런 주장은 Trites(2004)도 IT에 대한 이사회의 책임을 강조하면서 기업이 받아들일 수 있는 비즈니스 위험 및 수준을 식별하고 위험을 감시하기 위한 시스템과 활동을 보장해야 한다고 것과 일치한다.

셋째, 비즈니스-IT 연계가 정보시스템 효과성에 유의한 영향을 미칠 것이란 가설 3은 1%에서 유의하게 채택되었다. 이들 사이의 경로계수는 0.575였고 정보시스템 효과성이 비즈니스-IT 연계에 의해 설명되는 R^2값은 66.5%였다. 이는 기존의 정보시스템 분야의 많은 연구에서 이미 입증되었다(Chan 등, 1993; Chan 등, 1997). Sabherwal과 Neo(1988)에 따르면 조직의 의사결정을 도와주는 첫 번째 요인으로 사업계획과 정보시스템 계획의 통합을 확인하였는데, 이는 전략적 통합이 의사결정의 향상과 관련된 정보시스템 효과성에 영향을 미칠 수 있음을 시사한 연구와 일치한다고 볼 수 있다.

넷째, 비즈니스-IT 연계가 경영성과에 유의한 영향을 미칠 것이란 가설 4는 통계적으로 유의하지 않게 나타났다. 많은 연구자들이 비즈니스-IT 연계가 조직의 성과에 긍정적인 영향을 줄 거라고 믿고 있다(Chan 등, 1997; Irani, 2002; Lederer 등, 1988). 그렇지만 본 연구의 결과는 비즈니스-IT 연계가 경영성과와 통계적으로 유의한 결과를 발견하지 못했다. 즉 기업의 중역들은 비즈니스와 IT가 연계가 잘되더라도 경영성과에 직접적인 영향을 주는 것이 아니라고 인식하는 것으로 나타났다. 이는 IT가 기업의 가치 창출의 원동력이 아니라 가치 창출의 도구로서 간주하고 있는 것으로 판단된다. 가치 창출의 도구로서 IT는 비즈니스와 전략적 연계가 잘되더라도 경영성과에 직접적인 영향을 주지 못하기 때문이다.

다섯째, IS 위험 준비도가 높을수록 정보시스템 효과성에 긍정적인 영향을 미친다는 가설 5는 1%에서 유의하게 나타났다. 이에 대한 경로계수는 0.278로 가장 낮게 나왔고, 정보시스템 효과성이 IS 위험 준비도에 의해 설명되는 R^2값은 66.5%였다. 기업은 정보시스템에 대한 위험을 예측해서 IT 산출물로부터 발생하는 비선호적인 일탈의 가능성을 확인하고 평가하며 감소하고 제거할 수 있다(Yates 등, 2004). 일반적으로 프로젝트에 대한 위험 관리를 하면 소프트웨어 품질을 높일 수 있는 것과 부합한다(Ropponen 등, 1993). 정보시스템 위험에 대한 기업의 준비가 높을수록 기대되는 정보시스템 결과물이 산출될 것이다. 위험 분석은 경영층의 전략적 의사결정에 의한 통제 메커니즘을 조직에 이행하고 유지하는 위험관리의 기초가 된다(Rainer 등, 1991). 그러므로 기업이 IS 위험에 대한 체계적인 준비 정도는 정보시스템의 도입과 운영에 의한 실패 확률을 낮추기 때문에 결국 정보시스템 효과성은 높아지는 것으로 판단된다.

여섯째, IS 위험 준비도가 높을수록 경영 성과에 긍정적인 영향을 미친다는 가설 6은 통계적으로 유의하지 않는 것으로 나타났다. IS 위험 준비가 잘되어 있더라도 경영성과에 직접적인 영향을 미친다는 것은 통계적으로 유의하지 않게 나타났다. 즉 IS 위험 준비도가 높더라도 경영성과에 직접적인 영향을 미친다고 주장할 수는 없다. 위험이란 비선호적인 일탈의 가능성이기 때문에 성과에 직접적인 영향을 미칠 수 없는 것이다. 위험관리는 기업에 손실이 발생할 수 있는 예측하지 못한 사건에 대비하고자 하는 행위로 많은 비용이 발생한다. 그렇지만 실제로 위험한 사건이 발생하기 전에는 그에 관한 발생하는 다양한 지출은 비용 성격으로 생각이 될 수 있다. 그렇기 때문에 기업들이 중역들은 IS 위험 준비도는 기업의 성장성과 수익성으로 판단되는 경영성과에 직접적인 영향을 미치지 못한다고 판단된다.

일곱째, 정보시스템 효과성은 경영성과에 긍정적인 영향을 미친다는 가설 7은 1%에서 유의하게 나타났다. 이들의 경로계수는 0.351였고, 경영성과가 정보시스템 효과성에 의해 설명되는 R^2값은 14.8%였다. 이는 Floyd와 Wooldrige(1990)의 연구에서는 정보기술의 사용을 의미하는 정보기술의 채택이 자산수익률로 측정한 조직성과에 영향을 미치는 것으로 나타났으며, Weill(1992)의 연구에서는 경쟁우위의 획득은 매출액 증대 등에 기여하는 것과 일치되는 주장이다. 이 외에도 정보시스템 효과성이 높을수록 경영성과는 높아진다는 연구는 많다(Chan 등, 1997; Clemons, 1986; Ives 등, 1984; Johnston 등, 1988). 일반적으로 기업의 회계, 재무, 마케팅, 인사 등의 대부분 중요업무는 정보시스템을 기반으로 이루어지고 있으며 효과적인 정보시스템 구축은 기업이 성과와 직결된다고 볼 수 있다. 또한 기업이 정보시스템 구축에 드는 비용은 갈수록 증가하고 있는 상황이다. 그렇기 때문에 기업에게 막대한 IT 투자비용이 지출되는 현실에서 정보시스템의 효율성은 기업의 생산성에 영향을 미치게 된다. 효과적인 정보시스템은 기업에게 경쟁 기업보다 더 빠르고 정확한 의사결정을 할 수 있으며 결국 기업의 경영성과에 직접적인 영향을 주는 것으로 판단된다.

제1절   연구결과의 요약

본 연구에서는 이사회의 전략적 IT 의사결정에 참여가 기업의 경영성과 어떤 영향을 미치는지를 규명하는 것이다. 본 연구에서는 이러한 연구 목적을 달성하기 위해 다음과 같은 연구가설을 설정하였다.

H 1	이사회의 전략적 IT 의사결정 참여는 비즈니스와 IT 연계에 긍정적인 영향을 미친다.
H 2	이사회의 IT 의사결정 참여는 IS 위험 준비도에 긍정적인 영향을 미친다.
H 3	비즈니스와 IT 연계는 정보시스템 효과성에 긍정적인 영향을 미친다.
H 4	비즈니스와 IT 연계는 경영 성과에 긍정적인 영향을 미친다.
H 5	IS 위험 준비도가 높을수록 정보시스템 효과성에 긍정적인 영향을 미친다.
H 6	IS 위험 준비도가 높을수록 경영 성과에 긍정적인 영향을 미친다.
H 7	정보시스템 효과성은 경영성과에 긍정적인 영향을 미친다.

본 연구에서는 이러한 연구가설을 검증하기 위해 "이사회의 전략적 IT 의사결정 참여", "비즈니스-IT 연계", "IS 위험 준비도", "정보시스템 효과성", "경영성과"의 다섯 가지 요인들의 관계를 Partial Least Square(PLS) 분석을 통해 종합적으로 분석했다. PLS 분석은 구조 모델 분석과 측정 모델 분석의 단계를 거치게 되는데, 전자를 통해 측정 도구의 내적 일관성과 후자를 통해 수렴 타당성과 판별 타당성을 확보하게 된다. 이처럼 신뢰성과 타당성을 확보한 후에 가설을 검증을 통해 다음과 같은 사실을 발견할 수 있었다.

1. 응답 기업의 실태

설문은 기업의 CIO 1명과 비즈니스 중역 2명을 대상으로 이루어졌고 총 271부의 유효한 설문지를 회수했다. 응답자 중에서 CIO는 105명(38.7%)과 비즈니스 중역은 166명(61.3%)으로 파악되었다. 기업별로 살펴보면 설문에 응답한 기업은 총 110개 기업으로 나타났다. 대부분이 제조업, 건설업, 금융 및 보험업, 사업서비스업 등으로 나타나고 있다. 또한 응답기업 중 85개(77%)가 종업원 수 300인 이상의 기업이었고 나머지 25개(22%)가 300인 미만의 기업으로 나타났다. 응답기업 97개의 평균 이사회 규모는 7.96명으로 나타났고 사내이사비율은 69%로 파악되었다.[9] 응답 기업들의 매출액 대비 IT 투자 비율(%)은 2004년 1.31%, 2005년 1.39%, 2006년 1.56%로 해마다 IT 투자비율이 높아지는 것으로 나타났다.

---

9) 사내이사비율＝사내이사수 / 전체이사

2. 연구 모델의 검증 결과

　본 연구에서는 연구변수들 간의 상호 영향 관례를 종합적으로 고려하기 위해서 연구가설을 설정하였고, 이를 증명하기 위해 PLS 분석을 실시하였으며 분석결과는 [그림 5−1]과 같다.

　이사회의 전략적 IT 의사결정에 참여는 IT 거버넌스 주요 요인인 비즈니스−IT 연계와 IS 위험 준비도에 영향을 미치고, 이들은 정보시스템 효과성을 거쳐 경영성과에 긍정적인 영향을 주는 것으로 나타났다.

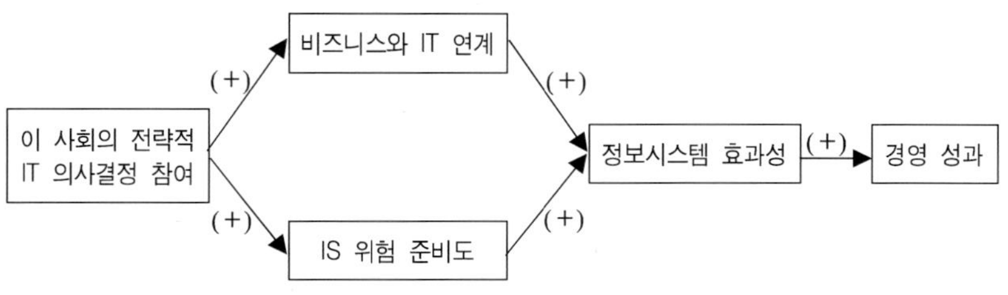

[그림 5−1] 연구모델의 검증 결과

제2절　연구의 시사점

　본 연구는 그동안 학계나 업계에서 소외되었던 IT 거버넌스에 대한 연구에 초점을 맞추었다. 특히 IT 의사결정의 문제가 더 이상

CIO나 기업의 IT 담당부서만의 문제가 아니라 기업의 이사회 차원에서 다루어져야 한다는 것을 실증했다. 이러한 연구 결과의 의의는 연구의 이론적 시사점과 실무적 시사점으로 나누어 살펴볼 수 있다.

1. 연구의 이론적 시사점

IT 거버넌스의 연구가 관심을 집중되고 있는 것은 최근의 일이다. IT 거버넌스는 비즈니스와 IT 연계와 IT 위험 관리를 통해서 주주의 비즈니스 가치를 극대화하기 위해 IT 사용에 대해 조직의 권한과 책임을 명확히 하는 것이다. IT 거버넌스는 거시적으로 자원할당, 사업 착수와 그에 따른 위험에 대한 평가, 프로젝트의 우선순위, 성과 평가, IT 투자 가치 등에 대한 결정과, 미시적으로 조직의 각 부서와 그들의 IT 사용에 대한 의사결정을 관리하기 위해 인증, 통제, 책임, 의무, 역할 등을 포함한다.

최근 많은 학자들이 IT 거버넌스에 대한 책임과 역할을 규명하는 작업을 하고 있지만 실제로 학문상의 실증을 하는 학자들은 별로 없는 실정이다. 특히 IT 거버넌스에 대한 책임이 이사회에 있다고 밝히는 학자들은 많지만 이들의 참여가 IS와 기업의 성과에 어떤 영향을 미치는지에 실증한 연구들은 없는 실정이다. 이런 현실에서 본 연구는 이사회의 IT 의사결정의 참여가 정보시스템의 효과성에 매우 높은 영향을 미치고 기업의 경영성과에 긍정적인 영향을 미치는 것을 밝혀냈다. 물론 기업의 경영성과에 미치는 영향은 정보시스템 효과성을 제외하고도 다른 많은 요인들이 영향을 미치기 때문에 그 설명력은 높지 않으나 어느 정도의 관련성을 밝혀냈다는 점에 그 의의를 들 수 있다. 이사회의 전략적 IT 의사결정에 참여는 IT 거버넌스의 중요한 요인인 비즈니스-IT 연계와 IS 위험 준비도에 긍정적인 영향을 미치게 된다. 즉 기업의 전략적 IT 의사결정을 이사회에서 다루는 것은 기업의 핵심업무의 근간을 이루는 IT와 기업의 성장과 수익의 원동력이 되는 비즈니스와의 전략적 통합을 이루게 된다. 기업의 전략적 방향을 파악하고 있는 정보기술 전문가와 정보기술 및 그 변화 추세를 이해하고 있는 기업 전략 수립자 사이에 상호 긴밀한 협조가 이루어질 때, 정보시스템 전략과 기업 전략 사이에 바람직한 비즈니스와 IT 연계가 이루어진다. 또한 이사회에서 IT 의사결정을 다루게 되면 향후 예상치 못한 IS 실패로 인한 기업 수익과 성장에 대한 손실을 미연에 방지할 수 있다. IT 투자 비용이 갈수록 커지는 현실을 감안할 때 잘못된 IT 의사결정으로 인한 손실을 줄일 수 있다. 이처럼 비즈니스-IT 연계와 IS 위험 준비도가 높아질수록 정보시스템의 효과성은 높아지게 된다. 즉 정보시스템이 조직의 성과에 영향을 주는 조직의 목표를 달성하기 더 수월해지는 것이다. 정보시스템 효과성 측정 방법은 다양하나 본 연구에서는 사용자 만족과 조직의 영향의 측면에서 측정해 보았다. 이를 위해 CIO와 비즈니스 중역들을 대상으로 설문을 해 본 결과 정보시스템의 효과성은과성은 기업의 성장성과 수익성에 기반을 둔 경영성과에 긍정적인 영향을 미치는 것으로 나타났다. 그렇기 때문에 향후에 이들의 관계에 대한 더 자세한 분석이 필요한 실정이다.

2. 연구의 실무적 시사점

현업에서 IT 거버넌스가 중요한 이유는 IT 위험의 증가와 높아진 IT 위상과 관련이 있다.

다우 케미컬은 7년 동안 5억 달러를 메인프레임 기반 엔터프라이즈 시스템 구축에 투자했지만 현실에 맞지 않아 결국 클라이언트 / 서버 시스템으로 전환해야만 했고 디즈니도 8억 7천만 달러를 Go.com에 투자했으나 결국 실패했다. 이는 IT 위험이 단지 IT 부서만의 책임으로 끝날 수 없다는 것을 단적으로 말해 준다. 또한 2002년 7월에 제정된 미국 샤베인-옥슬리 법에 따르면 미국 증시에 상장한 기업은 의무적으로 내부통제시스템을 갖춰야만 한다. 미국 증권거래위원회에 보고 의무가 있는 외국법인의 경우도 이 법의 모든 조항을 준수해야 하므로 미국과 거래가 많은 우리나라 기업도 당연히 관심을 가질 수밖에 없다. 어떻게 보면 이 법은 IT 거버넌스와 별 관련이 없게 보이지만, 바로 이 법안에서 언급하는 재무보고의 신뢰성을 확보하기 위해서는 IT 통제가 중요한 부분을 차지하고 있기 때문에 IT 거버넌스에 자연히 관심을 가질 수밖에 없다. 이 두 가지 사례는 단적으로 IT 거버넌스 도입의 중요성을 말해 준다.

IT 거버넌스의 궁극적인 목적은 주주에게 비즈니스 가치를 전달하는 것이다. 이를 위해 IT와 비즈니스를 전략적으로 연계시킴으로써 IT를 통한 비즈니스 가치 창출과 IT 투자에 대한 책임감을 높여 IT 위험을 완화시킬 수 있다.

오늘날의 지식 기반 사회에서 기업 IT 관리의 중요성이 더욱 커지고 있다. IT 거버넌스의 핵심 요소는 주주에게 IT를 통한 극대화된 비즈니스 가치를 전달하기 위해 IT 사용에 대한 명확한 권한과 책임을 할당하는 것이 중요하다. 이것은 특정 IT 솔루션에 의해서는 해결이 안 되며 CIO나 IT 부서만의 힘으로는 더욱더 불가능하다. IT 거버넌스는 기업의 이사회와 최고 경영진을 중심으로 적극적인 관심과 참여가 필수적이다. 이런 차원에서 이사회가 전략적 IT 의사결정에 참여하는 것은 기업의 성과에 긍정적인 영향을 주는 것을 실증을 했다. 즉 경영성과를 높이기 위해 이사회 직속의 IT 위원회 설치, 이사회에서 IT를 안건으로 다룸, CIO의 이사회 멤버로 참여 등이 필요하다는 것을 실증했다. 그렇기 때문에 기업들은 성과를 높이기 위해 이사회가 전략적 IT 의사결정을 논의하는 것은 당연한 사항이고 지금부터는 무슨 안건을 어떻게 논의를 해야 하는지에 대한 방법론을 심도 있게 연구를 해 봐야 한다고 판단된다. 효율적인 IT 거버넌스 체제를 유지하는 것은 단지 H / W 혹은 S / W로 해결될 수 있는 문제가 아니라 기업의 IT 의사결정에 대한 책임과 권한을 명확히 하는 것이기 때문에 기업의 최고 의사결정자인 이사회 차원에서 다루어져야 하는 매우 중요한 문제인 것이다. 본 연구는 이런 차원에 부응하고자 기업의 이사회에서 IT 의사결정을 다룰 때 정보시스템의 효과성과 경영성과에 긍정적인 영향을 주는 것을 밝혀냈다. 즉 기업들은 IT 의사결정을 단지 CIO나 IT 담당 부서들에게 위임할 것이 아니라 중요한 전략적인 IT 문제들을 해결하는 프로세스를 도입하면 더욱 높은 성과를 낼 수 있다는 근거를 밝혀낸 것이다.

제3절 연구의 한계 및 향후 연구과제

1. 연구의 한계

본 연구를 통해 이사회가 전략적 IT 의사결정에 참여할 때 기업의 경영성과에 긍정적인 영향을 미친다는 것을 밝혀냈다. 그러나 본 연구의 한계로는 기업의 이사회가 어떤 방식으로 IT 의사결정에 참여해야 하는지에 대한 구체적 연구가 부족하다. 즉 본 연구에는 이사회의 IT 의사결정에 참여하는 방식으로 이사회의 안건으로 IT를 정기적으로 다룸, 이사회 직속의 IT 위원회 존재 여부, IT 담당 임원의 정기적인 이사회 보고, CIO의 이사회 멤버 참여 등을 다루고 있다. 하지만 산업별, 기업 규모별에 따른 이사회 참여 방식에 대한 연구는 부족한 실정이다. IT 거버넌스는 학계 분야에서는 대부분이 CIO를 중심으로 연구가 진행이 되고 있다. 그러나 본 연구의 결과에서 알 수 있듯이 IT 거버넌스는 기업의 최고경영층인 이사회 차원에서 다루어져야 하는 것이다. 또한 기업의 이사회에서 다루어야 할 전략적 IT 의사결정에 대한 실체에 대한 연구가 부족한 실정이다.

2. 향후 연구과제

IT 위험 증가와 IT 투자 비용 증가로 인해 IT 거버넌스는 최근에서야 주목을 받고 있다. 본 연구를 통해 이사회가 전략적 IT 의사결정에 참여는 기업의 경영성과에 긍정적인 영향을 미친다는 것을 실증했다. 그러나 기업 규모별, 산업별에 따른 이사회의 바람직한 IT 의사결정 참여 방식에 대한 연구가 필요하며 이사회에서 다루어야 할 구체적인 IT 의사결정에 대한 연구가 필요한 실정이다. 즉 기업 규모나 산업별로 IT의 위상이 다를 것이고 IT 집중적 기업과 그렇지 못한 기업들 사이에 현실적인 차이가 있을 것이다. 그러므로 이런 기업마다의 특성을 반영한 IT 거버넌스에 대한 연구가 필요하다. 더불어 본 연구에서는 대기업과 중견기업들을 대상으로 연구가 진행되었으나 중소기업에 대한 비교 연구도 필요로 하다. 또한 이사회에서 다루는 IT 의사결정에 대한 명확한 체계도 확립하는 것이 필요하다. 이를 위해서 기업의 IT 의사결정 중에서 구체적으로 안건으로 다루어야 할 의사결정들을 분리해 내는 것도 시급하다. 더불어 IT 담당 임원과 비즈니스 담당 임원들 간의 커뮤니케이션의 장벽을 해결하는 것도 매우 중요하다. 기업의 효율적인 IT 거버넌스 체계를 구축하는 것은 기업의 경영성과와 직결되는 매우 중요한 문제이므로 이에 대한 다양한 접근 방법이 절실한 실정이다.

참고문헌

김경묵 "기업 지배구조와 혁신: 소유구조가 연구개발(R&D) 투자에 미치는 영향", *경영학연구* (32:6) 2003, pp.1799－1832.

김영걸, 이종만, 이재남 "정보시스템의 위험도 분석에 관한 연구: 통합적인 분석 틀을 중심으로", *경영정보학연구* (8:2) 1998.

김용겸, 김인호 "정보시스템 전략과 기업 전략 간 전략적 연계의 연구에 관한 연대기적 고찰－경영관리과정을 중심으로－", *한국기업경영학회*(12:1) 2005, pp.107－137.

김종욱, 신승균, 김병곤 "정보시스템 사용자의 기대, 시스템의 지각된 성능, 기대불일치가 사용자 만족에 미치는 영향에 관한 실증적 연구", *경영정보학연구*(14:1), 3월 2004, pp.101－123.

나지윤, 이정훈, 이정우, 임금순 "국내 기업들의 IT 거버넌스 인식 및 수행 수준에 관한 연구", 한국경영정보학회 춘계학술대회, 서울, 2005.

박종일 "기업지배구조와 이익조정: 최대주주 지분율을 중심으로", *회계학연구*(28:2), 2003년 6월 2003, pp.135－172.

성태경 "정보기술의 활용과 기업 전략간의 조화가 기업성과에 미치는 영향", *경영정보학 연구* (8:1) 1998, pp.65－86.

양현조 "신바젤협약(Basel Ⅱ)과 자산유동화(Securitisation)", 한국신용평가.

이건모, 김용겸 "전략적 통합과 전략적 적합이 정보시스템 효과 및 기업 성과에 미치는 영향", *기업경영연구* (16) 2002, pp.145－185.

이경묵 "기업지배구조의 형성배경과 개선방안", in: *한국경영의 새로운 도전*, 신유근 (ed.), 다산출판사, 서울, 2002.

이영환 *정보경제학* 율곡출판사, 서울, 1999.

임금순, 이정우, 나지윤, 윤성철, 이정훈 "국내 기업들의 IT 거버넌스 인식 및 수행 수준에 관한 연구", *Entrue Journal of Information Technology*(3:2) 2004, p.111.

임성택, 한영춘 "정보시스템의 효과성 측정에 대한 실증적 연구", *경영연구*(12:1) 1997, pp.257–288.

전삼현 "이사의 충실의무에 관한 재고찰", in: *인권과 정의*, 1998, p.108.

채동헌 *주식회사와 법* 청림출판, 2004.

최병현 "리스크 관리와 기업 가치 창출", in: *LG주간경제*, 2004, pp.3–7.

Adams, W., "New role for top management in computer applications", *Financial Executive*(40:4) 1972, pp.54–56.

Ahituv, N., Neumann, S., and Zviran, M., "Factors affecting the policy for distributing computing resources", *MIS Quarterly*(13:4) 1989, pp.388–402.

Alter, A. E., "Richard nolan: A committee of one's own", in: *CIO Insight*, 2004.

Andrews, K. R. *The concept of corporate strategy*, (2nd ed.) Irwin, Homewood, IL, 1986.

Applegate, L. M., and Elam, J. J., "New information system leaders: A changing role in a changing world", *MIS Quarterly*(16:4) 1992, pp.469–489.

Bagozzi, R. P., and Fornell, C., "Theoretical concepts, measurement, and meaning", in: *Principles of marketing research,* R. P. Bagozzi(ed.), Blackwell, Cambridge, 1982, pp.386–422.

Bailey, J. E., and Pearson, S. W., "Development of a tool for measuring and analyzing computer user satisfaction", *Management Science* (29:5) 1983, pp.530–516.

Bakos, J. Y., and Treacy, M. E., "Information technology and corporate strategy: A research perspective", *MIS Quarterly*(10:2) 1986, p.106.

Balkin, D. B., Markman, G. D., and GomezMejia, L. R., "Is ceo pay high－technology firms related to innovation?", *Academy of Management Journal*(43:6) 2000, pp.1118－1129.

Bandyopadhyay, K., "A framework for integrated risk management in information technology", *Management Decision* (37:5) 1999, pp.437－444.

Barki, H., and Hartwick, J., "Rethinking the concept of user involvement", *MIS Quarterly*(13:1) 1989, pp.52－63.

Barua, A., Kriebel, C. H., and Mukhopadhyay, T., "Information technologies and business value: An analytic and empirical investigation", *Information Systems Research*(6:1) 1995, p.3.

Baysinger, B. D., and Butler, H. N., "Corporate governance and the board of directors: Performance effects of changes in board composition", *Journal of Law, Economics & Organization*(1:1), Spring 1985, p.101.

Baysinger, B. D., Kosnik, R. D., and Turk, T. A., "Effects of board and ownership structure on corporate r&d strategy", *Academy of Management Journal*(34:1) 1991, pp.205－214.

Benko, C., and McFarlan, F. *Connecting the dots* Harvard Business School Press, Boston(MA), 2003.

Bjelland, O. M., and Wood, R. C., "The board and the next technology breakthrough", *European Management Journal*(23:3) 2005, pp.324－330.

Bloem, J., Doorn, M. V., and Mittal, P. *Making IT governance work in a sarbanes －oxley world* John Wiley & Son, Hoboken, New Jersey, 2006.

Boar, B. H. *The art of strategic planning for information technology*(2nd ed.) Wiley, New York, 2001.

Boynton, A. C., Jacobs, G. C., and Zmud, R. W., "Whose responsibility of IT management?", *Sloan Management Review*(33:4) 1992, pp.32-39.

Boynton, A. C., and Zmud, R. W., "Information technology planning in the 1990's: Directions for practice and research", *MIS Quarterly* (11:1) 1987, pp.58-72.

Broadbent, M., and Kitzis, E. S. *The new CIO leader: Setting the agenda and delivering results* Harvard Business School Press, 2004.

Broadbent, M., and Weill, P., "Management by maxim: How business and it managers can create it infrastructures", *Sloan Management Review*, Spring 1997, pp.77-92.

Brown, A. E., and Grant, G. G., "Framing the frameworks: A review of IT governance research", *Communications of the Association for Information Systems*(15) 2005, pp.696-712.

Brown, C. V., "Examining the emergence of hybrid IS governance solutions: Evidence from a single case site", *Information Systems Research*(8:1) 1997, pp.69-94.

Brown, C. V., and Magill, S. L., "Alignment of the IS functions with the enterprise: Toward a model of antecedents", *MIS Quarterly* (18:4) 1994, pp.371-404.

Brown, C. V., and Magill, S. L., "Reconceptualizing the context-design issue for the information systems function", *Organization Science*(9:2) 1998, pp.176-194.

Brown, M. R., and Gatian, A. W., "Strategic information systems and financial performance", *Journal of Management Information Systems* (11:4) 1995, pp.215-234.

Buchholtz, A. K., Amason, A. C., and Rutherford, M. A., "The impact of board monitoring and involvement on top management team affective conflict", *Journal of Managerial Issues*(17:4), Winter 2005, pp.405-422.

Burn, J. M., "IS innovation an organizational alignment-a professional juggling act", *Journal of Information Technology(Routledge, Ltd.)* (11:1) 1996, p.3.

Burn, J. M., and Szeto, C., "A comparison on the views of business and IT management on success factors for strategic alignment", *Information & Management*(37:4) 2000, p.197.

Bushman, R. M., and Smith, A. J., "Financial accounting information and corporate governance", *Journal of Accounting & Economics* (32:1－3) 2001, pp.237－333.

Byrd, J., and Hicksman, A., "Do outside directors monitor managers? Evidence from tender offer bids", *Journal of Financial Economics* (32) 1992, pp.195－221.

Chan, Y. E., and Huff, S. L., "Investigating information systems strategic alignment", Proceedings of the Fourteenth International Conference on Information Systems, Orlando, Florida, 1993, pp.345－365.

Chan, Y. E., Huff, S. L., Barclay, D. W., and Copeland, D. G., "Business strategic orientation, information systems strategic orientation, and strategic alignment", *Information Systems Research*(8:2) 1997, p.125.

Chan, Y. E., Sabherwal, R., and Thatcher, J. B., "Antecedents and outcomes of strategic IS alignment: An empirical investigation", *IEEE Transactions on Engineering Management*(53:1) 2006, pp.27－47.

Charette, R. N., "The mechanics of managing IT risk*", *Journal of Information Technology(Routledge, Ltd.)*(11:4) 1996, p.373.

Chin, W. W., and Todd, P. A., "On the use, usefulness and ease of use of structural equation modeling in MIS research: A note of", *MIS Quarterly* (19:2) 1995, p.237.

Clark, T. D., Jr., "Corporate systems management: An overview and research perspective", *Communication of the ACM*(35:2) 1992, pp.61－86.

Clasessens, S., Djanjov, S., and Lang, L., "The separation of ownership and control in east asian corporations", *Journal of Financial Economics*(58:1－2) 2000, pp.81－112.

Clemons, E. K., "Information systems for sustainable competitive advantage", *Information & Management*(11:3) 1986, pp.131－136.

Cragg, P., King, M., and Hussin, H., "IT alignment and firm performance in small manufacturing firms", *The Journal of Strategic Information Systems*(11:2) 2002, pp.109－132.

Cross, J., Earl, M. J., and Sampler, J. L., "Transformation of the IT function at british petroleum", *MIS Quarterly*(21:4) 1997, pp.401－424.

Curtis, B., Krasner, H., and Iscoe, N., "A field study of the software design process for large systems", *Communications of the ACM*(31:11) 1988, pp.1268－1287.

Damianides, M., "Sarbanes－oxley and IT governance: New guidance on IT control and compliance", *Information Systems Management*), Winter 2005.

Davenport, T. H., "Putting the enterprise into the enterprise system", *Harvard Business Review*, July－August 1998, pp.121－131.

Davenport, T. H., Hammer, M., and Metsisto, T. J., "How executives can shape their company's information systems", *Harvard Business Review*(67:2), March－April 1989, pp.130－134.

David, J. H., Schrooman, F. D., and Donaldson, L., "The influence of activism by institutional investors on R&D", *Academy of Management Journal*(44:1) 2001, pp.144－157.

DeLone, W. H., and McLean, E. R., "Information systems success: The quest for the dependent variable", *Information Systems Research*

(3:1) 1992, pp.60－95.

Denis, D. K., "Twenty－five years of corporate governance research······ And counting", *Review of Financial Economics*(10:3) 2001, pp.191－212.

Dess, G. G., and Robinson Jr, R. B., "Measuring organizational performance in the absence of objective measures: The case of the privately－held firm and conglomerate business unit", *Strategic Management Journal*(5:3) 1984, pp.265－273.

Earl, M. J., "Experiences in strategic information systems planning", *MIS Quarterly*(17:1) 1993, pp.1－24.

Eisenberg, T., Sundgren, S., and Wells, M. T., "Larger board size and decreasing firm value in small firms", *Journal of Financial Economics*(48) 1998, pp.35－54.

Exler, R., "IT governance frameworks", CIO, 2003.

Fama, E., "Agency problems and the theory of the firm", *Journal of Political Economy*(88:288－307) 1980.

Fama, E. F., and Jensen, M. C., "Separation of ownership and control", *Journal of Law & Economics*(26:2) 1983, pp.301－326.

Floyd, S. W., and Wooldridge, B., "Path analysis of the relationship between competitive strategy, information technology, and financial performance", *Journal of Management Information Systems*(7:1), Summer 1990, p.47.

Fornell, C., and Bookstein, F. L., "Two structural equation models: Lisrel and PLS applied to consumer exit－voice theory", *Journal of Marketing Research(JMR)* (19:4) 1982, pp.440－452.

Fornell, C., and Larcker, D. F., "Evaluating structural equation models with unobservable variables and measurement error", *Journal of Marketing Research(JMR)* (18:1) 1981, pp.39－50.

Garrity, J., "Top management and computer profits", *Harvard Business*

Review(41:4) 1963, pp.6－13.

Gefen, D., Straub, D. W., and Boudreau, M. C., "Structural equation modeling and regression: Guidelines for research practice", *Communications of the AIS*(4:7) 2000, pp.1－77.

Girard, K., "Three big breakdowns of 2001", http://www.baselinemag.com/, 2002.

Grembergen, W. V. *Strategies for information technology governance* 네모북스, 2005.

Guldentops, E., "COBIT 기반의 IT 거버넌스", in: *Strategies for information technology governance,* W. V. Grembergen(ed.), 네모북스, 2005.

Hambrick, D. C., and Mason, P. A., "Upper echelons: The organization as a reflection of its top managers", *Academy of Management Review*(9:2) 1984, p.193.

Hamilton, S., and Chervany, N. L., "Evaluating information system effectiveness－part Ⅰ: Comparing evaluation approaches", *MIS Quarterly*(5:3) 1981, pp.55－69.

Henderson, J. C., and Venkatraman, N. *Strategic alignment: A model for organizational transforming via information technology* Oxford University Press, New York, 1992.

Henderson, J. C., and Venkatraman, N., "Strategic alignment: Leveraging information technology for transforming organizations", *IBM Systems Journal*(32:1) 1993, pp.472－485.

Hulland, J., "Use of partial least squares(pls) in strategic management research: A review of four recent studies", *Strategic Management Journal*(20) 1999, pp.192－204.

Irani, Z., "Information systems evaluation: Navigating through the problem domain", *Information & Management*(40:1) 2002, pp.11－24.

ITGI "COBIT: Governance, control and audit for information and related technology", 2000.

ITGI "Board briefing on IT governance, 2nd edition", 2001.

ITGI "It strategy committee", 2002.

ITGI "COBIT 4.0", IT Governance Institute, 2005.

ITGI "Information security governance: Guidance for boards of directors and executive management 2nd edition", IT Governance Institute.

ITGI "IT governance global status report−2006", IT Governance Institute.

Ives, B., and Learmonth, G. P., "The information system as a competitive weapon", ACM Press, 1984, pp.1193−1201.

Ives, B., and Olson, M. H., "The measurement of user information satisfaction", *Communications of the ACM*(26:10) 1983, pp.785−793.

Jarvenpaa, S. L., and Ives, B., "Executive involvement and participation in the management of information technology", *MIS Quarterly* (15:2) 1991, pp.205−227.

Jensen, M. C., "The modern industrial revolution, exit, and the failure of internal control systems", *Journal of Finance*(48) 1993, pp.831−880.

Jensen, M. C., and Meckling, W. H., "Theory of the firm: Managerial behavior, agency costs and ownership structure", *Journal of Financial Economics*(3:4) 1976, pp.305−360.

Johnston, H. R., and Vitale, M. A., "Creating competitive advantage with interorganizational information systems", *MIS Quarterly*(12:2) 1988, p.152.

Judge Jr, W. Q., and Zeithaml, C. P., "Institutional and strategic choice perspectives on board involvement in the strategic decision process", *Academy of Management Journal*(35:4) 1992, pp.766−794.

Karake, Z. A., "The management of information technology, governance, and managerial characteristics", *Information Systems Journal*(5:4), Oct 1995, pp.271−284.

Kayworth, T., and Sambamurthy, V., "Managing the information technology infrastructure", *Baylor Business Review*(18:1) 2000, pp.13−15.

Keil, M., Cule, P. E., Lyytinen, K., and Schmidt, R., "A framewok for idenifying software project risks", *Communication of the ACM* (41:11) 1998, pp.77−83.

Kesner, I. F., and Johnson, R. B., "An investigation of the relationship between board composition", *Strategic Management Journal* 1990.

Khandwalla, P. N. *The design of organisations* Harcourt Brace jovanovich, New York, 1977.

King, J. L., "Centralized versus decentralized computing: Organizational considerations and management options", *ACM Computing Surveys* (15:4) 1983, pp.319−349.

Kivijarvi, H., and Saarinen, T., "Investment in information systems and the financial performance of the firm", *Information & Management*(28:2) 1995, pp.143−163.

Kosnik, R. D., "Greenmail: A study of board performance in corporate governance", *Administrative Science Quarterly*(32:2) 1987, p.163.

La Belle, A., and Nyce, H. E., "Whither the it organization?", *Sloan Management Review*(28:4) 1987, pp.75−86.

La Porta, R., Lopez−de−Silanes, F., and Shleifer, A., "Corporate ownership around the world", *Journal of Finance*(54:2) 1999, pp.471−518.

La Porta, R., Lopez−de−Silanes, F., Shleifer, A., and Vishny, R., "Investor protection and corporate governance", *Journal of Financial Economics*(58:1−2) 2000, pp.3−27.

Lederer, A. L., and Mendelow, A. L., "Convincing top management of the strategic potential of information systems", *MIS Quarterly*(12:4) 1988, p.524.

Lederer, A. L., and Mendelow, A. L., "Coordination of information systems plans with business plans", *Journal of Management Information Systems*(6:2), Fall 1989, pp.5−19.

Lipton, M., and Lorsch, J. W., "A modest proposal for improved corporate governance", *Business Lawyer*(48:1) 1992, pp.59−77.

Livari, J., "An empirical test of the delone−mclean model of information system success", *SIGMIS Database*(36:2) 2005, pp.8−27.

Loch, K. D., Carr, H. H., and Warkentin, M. E., "Threats to information systems: Today's reality, yesterday's understanding", *MIS Quarterly*(16:2) 1992, pp.173−186.

Loh, L., and Venkatraman, N., "Diffusion of information technology outsourcing: Infulence sources and the Kodak effect", *Information Systems Research*(3:4) 1992, pp.334−359.

Luftman, J. *Competing in the information age: Practical applications of the strategic alignment model* Oxford University Press, New York, 1996.

Luftman, J., "Assessing business−IT alignment maturity", *Communications of the AIS*(4) 2000.

Luftman, J., and Brier, T., "Achieving and sustaining business−IT alignment", *California Management Review*(42:1) 1999a, pp.109−122.

Luftman, J. N., Papp, R., and Brier, T., "Enablers and inhibitors of business−IT alignment", *Communications of the Association for Information Systems*(1) 1999b, pp.1−33.

Miles, R. E., Snow, C. C., Meyer, A. D., and Coleman, H. J., "Organizational strategy, structure, and process", *Academy of Management Review*, July 1978, pp.546−562.

Miller, D., "Strategy making and structure: Analysis and implications for performance", *Academy of Management Journal*(30:1) 1987, pp.7－32.

Mitra, S., and Chayam, A. K., "Analyzing cost－effectiveness of organizations: The impact of information technology spending", *Journal of Management Information Systems*(13:2), Fall 1996, p.29.

Monks, R. A. G., and Minow, N. *Corporate governance*, (2nd ed.) Blackwell Publishing, Malden, MA, 2001.

Nath, R., "Aligning mis with the business goals", *Information and Management*(16:2) 1989, pp.71－79.

Neo, B. S., "Factors facilitating the use of information technology for competitive advantage: An exploratory study", *Information & Management*(15:4) 1988, pp.191－201.

Nolan, R., and McFarlan, F. W., "Information technology and the board of directors", *Harvard Business Review*, October 2005.

Nunnally, J. C. *Psychometric theory* McGraw－Hill, New York, 1978.

Olson, M. H., and Chervany, N. L., "The relationship between organizional characteristics and the structure of the information services function", *MIS Quarterly*(4:2) 1980, pp.57－68.

Peak, D., Guynes, C. S., and Kroon, V., "Information technology alignment planning－a case study" *Information & Management* (42:5) 2005, pp.635－649.

Pearce II, J. A., and Zahra, S. A., "The relative power of CEOs and boards of directors: Associations with corporate performance", *Strategic Management Journal*(12:2) 1991, pp.135－153.

Peterson, R., Parker, M. M., and Ribbers, P. M. A., "Information technology governance processes under environmental dynamism: Investigating competing theories of decision making and knowledge sharing", International Conference on Information Systems, 2002.

Plavsic, A., Dippel, T., and Hussain, S., "IT facilitating fraud", *International Review of Law, Computers & Technology*(13:2) 1999, pp.193 − 209.

Posthumusa, S., and Solms, R. v., "IT oversight: An important function of corporate governance", *Computer Fraud & Security* 2005, pp.11 − 17.

Powell, T. C., "Organizational alignment as competitive advantage", *Strategic Management Journal*(13:2) 1992, pp.119 − 134.

Powell, T. C., and Dent − Micallef, A., "Information technology as competitive advantage: The role of human, business, and technology resources", *Strategic Management Journal*(18) 1997, pp.375 − 405.

Pyburn, P., "Linking the MIS plan with corporate strategy: An exploratory study", *MIS Quarterly*(7:2) 1983, pp.1 − 14.

Raghunathan, T. S., "Impact of the CEO's participation on information systems steering committees", *Journal of Management Information Systems*(8:4), Spring 1992, p.83.

Rainer, R. K., Snyder, C. A., and Carr, H. H., "Risk analysis for information technology", *Journal of Management Information Systems*(8:1), Summer 1991, p.129.

Rathnam, R. G., Johnsen, J., and Wen, H. J., "Alignment of business strategy and IT strategy: A case study of a fortune 50 financial services company", *Journal of Computer Information Systems*(45:2) 2004, pp.1 − 8.

Raymond, L., Pare, G., and Bergeron, F., "Information technology and organizational structure revisited: Implications for performance", The 14th of ICIS, Orlando, Florida, 1993, pp.129 − 143.

Raymond, L., Pare, G., and Bergeron, F., "Matching information technology and organizational structure: Am empirical study with implications for performance", *European Journal of Information Systems*(4:1) 1995, pp.3－16.

Read, T. J., "Discussion of director responsibility for IT governance", *International Journal of Accounting Information Systems*(5) 2004, pp.105－107.

Reich, B. H., and Benbasat, I., "Measuring the linkage between business and information technology objectives", *MIS Quarterly*(20:1) 1996, p.55.

Reich, B. H., and Benbasat, I., "Factors that influence the social dimension of alignment between business and information technology objectives", *MIS Quarterly*(24:1) 2000, p.81.

Remenyi, D., "The elusive nature of delivering benefits from IT investment", *Electronic Journal of Information Systems Evaluation*(3:1) 2000.

Rockart, J. F., "The line takes the leadership－IS management in a wired society", *Sloan Management Review*(29:4) 1988, pp.43－56.

Rockart, J. F., Earl, M. J., and Ross, J. W., "Eight imperatives for the new IT organization", *Sloan Management Review*(38:1) 1996, pp.43－56.

Ropponen, J., and Lyytinen, K., "Can software risk management improve system development: An exploratory study", *European Journal of Information Systems*(6) 1993, pp.41－40.

Ross, J., "Creating a strategic IT architecture competency: Learning in stages", *MIS Quarterly Executive*(2:1), March 2003, pp.31－43.

Ross, J. W., and Beath, C. M., "Beyond the business case: New approaches to IT investment", *MIT Sloan Management Review* (43:2), Winter 2002a, pp.51－59.

Ross, J. W., and Weill, P., "Six IT decisions your IT people shouldn't make", *Harvard Business Review*(80:11), Nov 2002b, pp.84－91.

Roussey, R. S., "The new corporate governance model: A focus on independence, the audit committee and the accounting profession", in: *Marshall Magazine*, 2003.

Sabherwal, R., "The relationship between information system planning sophistication and information system success: An empirical assessment", *Decision Sciences*(30:1), Winter 1999, pp.137−167.

Sabherwal, R., and Chan, Y. E., "Alignment between business and IS strategies: A study of prospectors, analyzers, and defenders", *Information Systems Research*(12:1) 2001, p.11.

Sabherwal, R., and Kirs, P., "The alignment between organizational critical success factors and information technology capability in academic institutions", *Decision Sciences*(25:2) 1994, pp.301−330.

Sambamurthy, V., and Zmud, R. W., "Arrangements for information technology governance: A theory of multiple contingencies", *MIS Quarterly*(23:2) 1999, pp.261−290.

Sambamurthy, V., and Zmud, R. W., "Research commentary: The organizing logic for an enterprise's IT activities in the digital era− a prognosis of proactive and a call for research", *Information Systems Research*(11:2) 2000, pp.105−114.

Sethi, V., Hwang, K. T., and Pegels, C., "Information technology and organizational performance: A critical evaluation of computerworld's index of information systems effectiveness", *Information & Management*(25:4) 1993, pp.193−205.

Shleifer, A., and Vishny, W., "A survey on corporate governance", *Journal of Finance*(52:2) 1997, pp.737−783.

Smith, H. A., McKeen, J. D., and Staples, D. S., "Risk management in information systems: Problems and potential", *Communication of AIS*(7:13) 2001, pp.1−29.

Sohal, A. S., and Fitzpatirck, P., "IT governance and management in large Australian organizations", *International Journal of Production*

Economics(75) 2002, pp.97－112.

Strassman, P. *The squandard computer* The information economics press, Connecticut, 1997.

Straub, D. W., and Welke, R. J., "Coping with systems risk: Security planning models for management decision making", *MIS Quarterly* (22:4) 1998, pp.441－469.

Tabachnick, B. G., and Fidell, L. S. *Using multivariate statistics*, (4th ed.) Allyn and Bacon, Boston, MA 2001.

Tate, C. F., "Enron－proof oversight", *Association Management*(54:8) 2002, pp.55－96.

Tavakolian, H., "Linking the information technology structure with organizational competitive strategy: A survey", *MIS Quarterly* (13:3) 1989, pp.308－318.

Teneyuca, D., "Organizational leader's use of risk management for information technology", *Information Security Technical Report*(6:3) 2001, pp.54－59.

Teo, T. S. H., and KIng, W. R., "Assessing the impact of integrating business planning and IS planning", *Information & Management* (30:6) 1996, pp.309－321.

Thong, J. Y. L., and Yap, C.－S., "Information systems effectiveness: A user satisfaction approach", *Information Processing & Management* (32:5) 1996, pp.601－601.

Tobias, R. D., "An introduction to partial least squares regression", Cary, NC: SAS Institute, 1999, p. PLS using a chemometric example. Appendices detail SAS PROC PLS commands and parameters.

Trice, A. W., and Treacy, M. E., "Utilization as a dependent variable in MIS research", ACM Press, 1988, pp.33－41.

Trites, G., "Director Responsibility for IT governance", *International*

Journal of Accounting Information Systems(5) 2004, pp.89－99.

Van de Ven, A. H., and Drazin, R., "The concept of fit in contingency theory", *Research in Organizational Behavior*(7) 1985, p.333.

Venkatraman, N., "The concept of fit in strategy research: Toward verbal and statistical correspondence", *Academy of Management Review*(14:1) 1989a, p.423.

Venkatraman, N., "Strategic orientation of business enterprises: The construct, dimensionality, and measurement", *Management Science* (35:8) 1989b, pp.942－962.

Venkatraman, N., and Ramanujam, V., "Measurement of business economic performance: An examination of method convergence", *Journal of Management*(13:1), Spring 1987, p.109.

Vitale, M. R., "The growing risks of information systems success", *MIS Quarterly*(10:4) 1986, pp.326－334.

von Simson, E. M., "The 'centrally decentralized' IS organization", *Harvard Business Review*(68:4), July－August 1990, pp.158－162.

Wah, L., "The risky business of managing it risks", *Management Review* (87:5) 1998, p.6.

Walz, D. B., Elam, J. J., and Curtis, B., "Inside a software design team: Knowledge acquisition, sharing and integration", *Communications of the ACM*(36:10) 1993, pp.63－76.

Watson, R. T., "Influences on the information system managers perceptions of key issues: Information scanning and the relationship with the CEO", *MIS Quarterly*(14:2) 1990, pp.217－231.

Watson, R. T., Pitt, L. F., and Kavan, C. B., "Measuring information systems service quality: Lessons from two longitudinal case studies", *MIS Quarterly*(22:1) 1998, pp.61－79.

Webb, P., Pollard, C., and Ridely, G., "Attempting to define IT governance: Wisdom or folly", The 39th Hawaii International

Conference on System Sciences, IEEE, 2006.

Weill, P., "The relationship between investment in information technology and firm performance: A study of the valve manufacturing sector", *Information Systems Research*(3:4) 1992, pp.307－333.

Weill, P., "Don't just lead, governs: How top－performing firms govern it", *MIS Quarterly Executive*(3:1), March 2004, pp.1－17.

Weill, P., and Broadbent, M. *Leveraging the new infrastructure: How market leaders capitalize on information technology* Harvard Business School Press, Boston, Massachusetts, 1998.

Weill, P., and Olson, M. H., "An assessment of the contingency theory of management information systems", *Journal of Management Information Systems*(6:1) 1989.

Weill, P., and Ross, J., "A matrixed approach to designing IT governance", *MIT Sloan Management Review*, Winter 2005.

Weill, P., and Ross, J. W. *IT governance: How top performers manage IT decision rights for superior results* Harvard Business School Press, Watertown, 2004.

Weill, P., Subramani, M., and Broadbent, M., "Building IT infrastructure for strategic agility", *MIT Sloan Management Review*(44:1) 2002a, pp.57－65.

Weill, P., and Vitale, M., "What IT infrastructure capabilities are needed to implement e－business models", *MIS Quarterly Executive*(1:1) 2002b, pp.17－34.

Werts, C. E., Linn, R. L., and Joreskog, K. G., "Intraclass reliability estimates: Testing structural assumptions", 1974, pp.25－33.

Wideman, R. M., "Management", *Project Management Journal*(17:4) 1986, pp.20－26.

Wold, H., "Partial least squares", in: *Encyclopedia of statistical sciences*, S. Kotz and N.L. Johnson(eds.), Wiley, New York, 1985.

Yates, J. C., and Arne, P. H., "Balancing the scales: Managing risks in IT projects", *Computer & Internet Lawyer*(21:8) 2004, pp.1−7.

Yermack, D., "Higher market valuation of companies with a small board of directors", *Journal of Financial Economics*(40) 1996, pp.185−211.

Zahra, S. A., and Pearce II, J. A., "Boards of directors and corporate financial performance: A review and integrative model", *Journal of Management*(15:2) 1989, p.291.

Zmud, R. W., Boynton, A. C., and Jacobs, G. C., "The information economy: A new perspective for effective information systems management", *Database*(18:1) 1986, pp.17−23.

· 저자 ·

양지윤 (robinhood@dreamwiz.com)

•약 력•
　서울대학교 대학원 경영학과 박사
　서울대학교 대학원 경영학과 석사
　전남대학교 경영학과 학사

　전) 서울대학교 경영대학 연구조교
　현) 서울대학교 경영대학 강사
　　　서울대학교 정보통신경영연구센터 연구원
　　　한국항공대학교 산학협력단 BK Post-Doc

•주요논저•
　경영정보론(2005)
　모바일 뱅킹의 이해와 활용(2005)
　모바일 비즈니스와 관련기술의 이해(2005)

IT거버넌스의 책임과 성과

• 초판 인쇄	2008년 2월 25일
• 초판 발행	2008년 2월 25일
• 지 은 이	양지윤
• 펴 낸 이	채종준
• 펴 낸 곳	한국학술정보㈜ 경기도 파주시 교하읍 문발리 513-5 파주출판문화정보산업단지 전화 031) 908-3181(대표) · 팩스 031) 908-3189 홈페이지 http://www.kstudy.com e-mail(출판사업부) publish@kstudy.com
• 등 록	제일산-115호(2000. 6. 19)
• 가 격	12,000원

ISBN　978-89-534-8155-8 93320 (Paper Book)
　　　　978-89-534-8156-5 98320 (e-Book)